「ほめられない」を
魅力に変える方法

ほめ下手だから上手くいく

一般社団法人
日本ほめる達人協会理事長
西村貴好
Takayoshi Nishimura

はじめに

「ほめ下手」でよかった!

この本は、ほめ方を学ぶ本ではありません。
自分の可能性を開く方法を学び、身につける本です。
心の肉体改造を成功させる本なのです。
オリンピックの新記録が毎回のように更新されていく。
これは人間の身体能力が著しく進化したのではなく
トレーニングの方法が圧倒的に進化したのです。
正しいトレーニングを積むことで、できないと思っていたことができるようになる。
圧倒的な成果を出せるようになる。すべては、やり方を知ることから。
そして、トレーニングです。
心の肉体改造が成功すれば、コミュニケーション能力が上がります。それにより、行き詰った人間関係や冷え切った家族関係も改善されます。

そして、人間関係の構築には、正しいやり方があるのです。

周りの人に良い印象を与え、良い関係性を構築していくやり方があるのです。

自動化が進むＡＩの時代だからこそ、リアルなコミュニケーション能力を持つ人が重用されていきます。

どれほど自動化が進んだとしても、それを使うのが人である限り、最後に残るのは、人と人との関係性の問題です。今後さらに求められ、生き残っていくのは、半径３メートル内の心の環境整備ができる人なのです。

そして人は、何歳からでも変われます。今ここ、この瞬間から気づきを行動に変えることで、成長と人としての進化が始まります。

人生１００年時代において、今後ますます価値の高まる能力は、コミュニケーション能力。世の中が必要としていながら、まったく供給が足りていないのが、高いコミュニケーション能力を身につけている人です。この能力を身につけておくことは、一度きりの人生をさらに豊かなものにする上で非常に重要になっていきます。

コミュニケーション能力向上の成果は複利で増えます。時間の経過を味方として、加速度的に成果を実感していきます。最初は錆びついて、思うように開かなかった人間関係の扉が「ほめる」という潤滑油によって驚くほどスムーズに開き出すのです。

ここで「ほめる」について、少しお話ししたいと思います。

皆さんは「ほめる」を「いいこと、うまいこと、相手が喜ぶことを言ってあげればいい」と簡単な認識で捉えているのではないでしょうか？　しかし、「ほめる」とはそれほど単純なものではありません。この本も「ほめ下手」の方に、「おべんちゃら」を教えるものではありません。

「ほめる」とは人をコントロールする道具ではなく、冒頭でもお伝えした自分の可能性を切り開く生き方なのです。その意味は、この本を読み進めていくうちに次第に理解していただけると思います。

読み終えたころには、既成概念から解き放たれた自分を発見できるはずです。そして、

大切なことは、いきなりすべてを身につけようとは思わないこと。

まずできそうなこと、やれそうなことを二つか三つ、選んで試してみてください。

それを3ヶ月続けると、小さな変化と成果を実感されるでしょう。さらに継続していくことで、誰かに語りたくなるようなエピソードも目の前に現れ出します。間違いなく。私がお約束します。

成長への挑戦。

成長とは、できなかったことができるようになることだけではありません。同じ景色を見ながら、その中から違うもの、価値あるものを発見することができるようになる、これもまた成長です。

「ほめ下手」でよかった！　そう思える成長への挑戦、ここから始まります。

人生の景色を変える成長へのチャレンジ、この本のページをめくることで始めてみませんか。

ページをめくるごとに新しい自分と出会えるそんな体験をプレゼント。あなたの挑戦、私も伴走させていただきます。

２０１９年９月　西村貴好

ほめ下手だから上手くいく——目次

第2章

「ほめ下手」の「ほめる」実践法

第4章 私が「ほめ達」になれた理由

第1章

「ほめ下手」でよかった

「ほめ下手」とはどんな人？

まず、「ほめ下手」と自覚があるということは素晴らしいことだと思います。自分は上手に人をほめることができる、ほめることは割と得意であるという人も実は正しいほめ方が分かっていなかったりします。

一般社団法人日本ほめる達人協会を設立し、理事長を拝命している私ですが、何を隠そう元々は「ほめる」ことが苦手な「ほめ下手」だったのです。むしろ、自他ともに認めるダメ出しの達人でした。そして、「ほめ下手」だったからこそ、ほめ上手を超える、ほめる達人＝「ほめ達」になれたのだと考えています。

だから、あなたも間違いなくほめる達人、「ほめ達」になれるのです。

「ほめ下手」とはどのような人か。

自分がほめられてこなかったので、ほめ方がわからない。

ほめるより前にまず伝えないといけないことがある。

相手のできていないところばかり目についてしまって、ほめるより先に欠点の指摘をしてしまう。

ほめることは甘やかすことになって成長を止めてしまうのでは……。

ほめられない理由は、人によって様々でしょう。この本では、できない理由はまず置いておき、どうすれば「ほめ下手」から「ほめ達」に進化成長できるかに焦点を絞ってお伝えしていきます。

そのために、まず「ほめ下手」とはどのような人かを定義しておきましょう。

「ほめ下手」とは、ほめるポイントを知らず、ほめるタイミングを逃している人。

「ほめる」を正しく行うには、いつくかのポイントがあるのです。そのポイントを知らないために、ほめる材料を見つけられないでいる人。また、ほめるポイントは見つけられたのだが、相手に伝えるタイミングを逃してしまって実践できないでいる、このような人が「ほめ下手」な人なのです。

ですから、ほめるポイントを知り、ほめるタイミングを逃さない、この二つを意識するだけであっという間に「ほめ下手」から脱出できてしまいます。

このあと、この二つ**「ほめるポイント」**と**「ほめるタイミング」**についてくわしくお伝えしていきますが、その前に大切なことを知っておいてください。

まず一つ目は、ほめるポイントについて、**気の利いたことを言おうとしない**こと。こんなことでいいのか、という**何気ない言葉こそ相手の心に届く**ことがあると知っておいてください。

二つ目は、ほめるタイミングを逃さないという点について。まず「ほめる」は**実践がすべて**であるということ。そして**最高のタイミングとは、今ここ！　この瞬間**です。実践・実践・実践。ここでさらに大切なことは難しく考えないということ。間違いはない、失敗もない、すべては気づきなのです。

そして、成長とは変化、変化にはストレスが伴います。「ほめる」を実践しながら違和感を感じるなと思うとき、それはあなたが成長している証拠なのです。ぜひ、成長痛も味わってみてください。その先にある大きな成長と成果の実感を楽しみに。

「ほめ下手」だからギャップが魅力

強面の人からやさしいひと言をかけられたら「えっ？」と意外性を感じます。これと同様に、普段なかなかほめない人からほめられると、その意外性からうれしさが2倍にも3倍にも感じられたりします。

つまり、周囲から「無愛想」「怖い」「ガンコ」などと思われがちな人は、それだけでほめるための武器を持っていることになります。周囲の人を感動させることのできるこの武器を、有効活用しない手はありません。

「ほめ達」の手法を取り入れたことによって飛躍的に業績を伸ばしている自動車学校があります。それは「ほめちぎる教習所」として知られる、三重県の南部自動車学校です。

「ほめ達」を導入する前の南部自動車学校は、教官が生徒に安全第一の指導をする、ほめない、普通の教習所でした。中には強面の教官もいて、怒られて泣きだして帰ってしまう女性生徒もいました。

教官のみなさんの努力もあり、南部自動車学校は今では「ほめ達」を実践し「ほめちぎる教習所」として大人気の教習所となりました。ではどうして、強面の教官が短期間でやさしくなることができたのか。

私が教官たちにお伝えしたことは「変わろうと思わなくていいです」ということ。「変わらなくていいので、やれることをひとつずつ増やしていきましょう」と。

「ほめ下手」のままでいいので、いいところをひとつでも見つける。見つけたら伝える。笑顔で「いいですね」「うまくなりましたね」と言ってあげられるようにする。それだけで皆さんのイメージは180度変わりますとお話ししました。強面からの笑顔は最強です。

現在の南部自動車学校で、最も人気のある教官のひとりは、かつて最も強面だったベテラン教官だそうです。

魅力はギャップから生まれます。「ほめ下手」だから、ほめられなかった過去とのギャップが魅力となるのです。

心の肉体改造

◎ダイエットでは痩せない

ダイエットでは痩せない。そう聞いて驚かれると思います。なぜ世の中に多くのダイエット法やダイエット本が溢れているのか。それは、やってみたダイエット法が上手くいかず、違うダイエット、また違う方法と皆が探し続けているから。つまり得たい成果を手に入れられない人が多いので常に新しいダイエット法が編み出され続けているのです。

それに対して、「肉体改造」に関しては、それほど多くの本は出ていません。理由はただひとつ、シンプルな方法で確実に結果が出るから。正しい食事をして、トレーニングで筋肉量を増やす。基本的にはこれだけです。どのような食事がいいのか、どのようなトレーニング方法があるのかを学び、実践していく。すると1ヶ月もしないうちに体重が減る。3ヶ月もすると誰の目にも明らかなほど、顔のラインが変わってくる、体型が変わる。痩せたいのならお勧めは肉体改造です。

「ほめ下手」から「ほめ達」への成長の仕方も肉体改造のやり方と同じです。「心の肉体改造」です。

心の肉体改造における**正しい食事**とは、**正しいほめるポイント**を学ぶこと。筋肉をつける**トレーニング**とは、タイミングを逃さない**ほめる実践**です。どちらも楽しくお伝えしていきますので、どうぞお楽しみに。

心の肉体改造による「ほめ下手」脱出と本当の肉体改造を両方同時に行ってみるというのも面白いかもしれませんね。

◎まずは、正しく知ることから

私自身、8年前に肉体改造を行って4ヶ月で14キロ体重を落とすことができました。そのときに得た知識を活用して、その後もリバウンドすることなく体重をキープできています。知ると知らないでは大違い。恐ろしいことです。

この本はダイエット本ではないのであまりくわしくはご紹介しませんが、まずは「正しい食事」について。同じだけの量を食べても、次の日には体重が減っているという食事の仕方があるのです。

逆に恐ろしいお話も栄養学を学ばれている方から教えてもらいました。太っているのに栄養失調になっている人もいるのだそうです。正しい食事をしないと太っているのに栄養が足りていない状態になる。こんなに哀しいことはありませんよね。

この身体は、食べた物でできている。何を食べるかが非常に大事。そして私たちの心は、自分が受け取ってきた「言葉」でできているのです。どのような言葉を受け取ってきたか、これからどのような言葉を受け取っていくのか。さらに自分が使う言葉は、自分が一番近くで聞いて、受け取っている。食事以上に気をつけたいことですね。

「筋肉をつけるトレーニング」についてですが、私の場合、パーソナルトレーナーに付いていただいて個別指導を受けました。週に2回ジムに行き、フィードバックを受けながら1時間のトレーニング。重めの負荷をかけて。最初の数回は、次の日の筋肉痛がすごかったです。

しかし、この本でお伝えしていく「ほめ下手」から脱出へのトレーニングですが、最初から負荷の大きなものは用意しておりません。すぐにできる簡単なものばかり。「まずはこれから」を実践していただきます。私が、あなたのパーソナルトレーナーを務めさせていただきます。すぐ横にいてアドバイスをさせていただきますのでどうぞご安心を。

実践すれば人生のステージが変わる

「ほめ下手」を脱出すると、どんないいことがあると思いますか。「ほめる」恩恵を受けていない「ほめ下手」な人には想像できないかもしれませんが、とても生きやすくなります。周りとの関係性がさらに良くなります。

いやいや、今でも十分楽しく生きている、周りとも上手くいっている、という方もいらっしゃるでしょう。ただ「ほめ下手」からほめ上手を超え「ほめ達」の領域にまで入ると、人生の豊かさの桁が変わります。次元が変わります。2次元から3次元、さらに4次元へ。平面的な物の見方から、立体へ。さらに時間の概念も。

過去の出来事の意味を変換し、未来を創造する生き方ができるようになるのです。なんだか胡散臭い話でしょ。このくだりは最新スマホの便利さを江戸時代のお侍さんに説明するようなものかもしれません。実践のトレーニングを始める前は理解できなくていいので、必ず素晴らしい効能が待っていると楽しみにしておいてください。

実践トレーニングを積み重ね、「ほめ達」になったとき、あなたの人生のステージが上がります。ただ「ほめ下手」を脱出できるだけではないのです。自分は成長し、なりたい自分にいつでもなれるのだという自信と確信が身につきます。この本での実践を通じて、挑戦して成果を得る方法を身につけることができるからです。自分の可能性がどんどん開きだします。

「ほめる」を他人のコントロールに使わない

このあと、ほめるポイントと実践についてお伝えしていくのですが、最初にこれだけはぜひ知っておいていただきたいという大切な点をお伝えいたします。「ほめ達」がもっとも大切にしていることです。このポイントをしっかり押さえておかないと、あなたのほめ言葉が相手に生臭く伝わります。逆にこのポイントをしっかり腹に落としておくと、どんなほめ方をしても大丈夫です。

それは、

「ほめることを相手のコントロールには使わない」

ということです。

ほめて相手を上手に動かそうと思うと、その意図が知らず知らずのうちに相手に伝わってしまいます。「ほめる」ことを相手のコントロールには使えないのです。人は自ら気づき、変わることはあっても、他人を変えることはできないのです。

他人には影響を与えることしかできません。そして影響を与えているように思えないときもあります。それでもなお、その人のことを信じることはできるのです。その人のことを信じることができたとき、それは自分を信じるという自分自身のしなやかな心の強さとなります。

「ほめる」は人のためならず、回り回って我が身の幸せ。「ほめる」ことの効果は、自己完結なのです。

それでは「ほめる」の一番の効用とは何か。それは「ほめる」ことで自分自身の心が整いだす、この一点です。「ほめる」ことができると自分の心が整い、余裕ができて、周りの人との関係性が良くなるのです。

逆に言うと、自分の心に余裕がない状態では、周りの人のいいところは探せない、ほめることができないのです。ですからほめられない状態というのは、「今の私には心に余裕がないのです」ということを自分にも周りにも伝えているようなもの。

逆説的に聞こえるかもしれませんが、自分の心に余裕をつくるために、周りの人のいいところを意識して意識して、丹念に探していく。これが「ほめ達」が実践していることです。

なぜ、このポイントについて力を入れて説明するかというと、「ほめる」を学んだ人からこんな質問をいただいたからです。

「「ほめる」を学んで、すごく心が楽になりました。ただ、ほめたときに相手がうれしそうにしてくれないんです。私のほめ言葉がどうも相手の心に刺さっていないようなのです。私のほめ方、どこか間違っているのでしょうか」

この質問に対して、あなたならどう答えますか。「ほめ達」の答えはこうです。

相手の喜ぶ顔が見たい、自分の言葉が相手に刺さる反応を見たい。そこには悪意はないけれど、残念ながら潜在的なコントロールの気持ちがあり、それが相手に伝わってしまっているのです。そう、**ほめて相手の反応を期待しない。**これも大切なポイントです。

「ほめる」は自己完結するもの、自分が豊かになるものと心に刻んでおいてください。

「ほめる」筋トレ、使えば強くなる

この章の最初にも書かせていただきましたが、「ほめる」ことは何よりも実践が大切です。実際にやってみること。「ほめる」をどれだけ頭の中で考えていても何も変わりません。まずは行動してみること、やれることをやってみること。肉体改造における筋肉をつけるトレーニングと同じ。トレーニングしないと筋肉はつかず、筋肉量は増えないのです。筋肉は使えば使うほど太く、力を増していきます。それと同じように「ほめる」筋肉も使えば使うほど力強くなっていきます。

まずは簡単なトレーニングから、そして継続して行っていく。具体的なトレーニングについては、第2章で初心者向けの実践法を、さらに「ほめる」アスリート「ほめ達」を目指す方には第3章で具体的な実践法をお伝えしていきます。

今すぐ、実践法を知りたい、実践に入りたいという方は、本章のこの後の部分をスキップして、第2章までお進みください。ただ、スキップされる方も、この章の「挑戦者たち」の部分だけお読みになられると実践する勇気がさらに高まりますので、ぜひお立ち寄りください。

「ほめ下手」だから正しく学べる

今この本を読まれている「ほめ下手」なあなた。「ほめ下手」でよかったのです。「ほめ下手」だという自覚があるからこの本を手に取った。そんな謙虚さを持つあなたには、学びを受け取る素直さがあります。成長のために必要な素直さです。このような素直さを持つ人は、どのようなジャンルに挑戦しても必ず成果を得ることができます。

私は成長のためには三つの勇気が必要だと考えています。

①失敗を恐れない勇気

失敗を恐れていては、何にも挑戦することはできません。一番成長している人は、一番多くの失敗をしている人。失敗は自分の限界を広げている証拠なのです。さらに言うと「この世に失敗はない！」すべては気づきであり、経験なのです。

②変化を恐れない勇気

失敗を恐れない人もいます。すでに自分に確たる地位や評価があり、少々の失敗では自分に対する評価が揺るがない人は、失敗を恐れません。ただ、そのような人に必要なのが、変化してみる勇気です。今いる場所に安住するのではなく、次のステージに挑戦してみる。そのための変化を恐れない勇気が必要です。

③すべてを受け入れる勇気

人にはプライドというものがあります。周りからの助言やアドバイスがうまく受け取れないときもあるのではないでしょうか。そんなときに、いったんは相手の言い分を受け入れてみる。自分の価値観とは違う異質な意見を受け入れてみる。最終的に、その意見を採用するかどうかは別として、一旦はすべてを受け入れてみる。これも意思が必要な勇気。そして、成長に欠かすことができないものです。

きっとあなたは、この三つの勇気のうちのどれかを使って、この本をお読みになられているのでしょう。素晴らしいご決断です。「ほめ下手」だから、そして素直さを持っているから我流にならず正しく学べるのです。最短距離で成果を手にすることができるのです。素晴らしい。

「ほめ下手」だから時間をかけて学べる

「ほめ下手」だから、これまで「ほめる」を積極的に活用してこなかったあなただから、焦る必要はありません。時間をかけて学び、実践していくことができるのです。

「ほめる」の効能には、すぐに出る効果と時間をかけて体感していく成果と2種類あります。時間をかけて体感していく成果こそが「ほめ達」の真価なのですが、その収穫を焦ってしまうと上手くいかないのです。

「ほめる」は種蒔きのようなもの。

種を蒔いてもその成果はすぐには表れません。「蒔く」とは草冠に時（とき）と書きます。時間がかかるのです。土の中に蒔かれた種はすぐには地表に出てきません。発芽して芽が出るまでに時間がかかる。その時間を待ちきれなくて、掘り起こしたり、いじったりするとうまく発芽するものも芽が出なくなります。

大切なことは、蒔いたことを忘れるぐらい、常に次の種を蒔き続けることです。

「ほめ下手」だからこそ、急な成果を求めることなく、じっくりと「ほめる」種蒔きができると考えて、やがてくる、発芽、芽吹き、開花、収穫の時期を楽しみにお待ちください。

「ほめ下手」だから成果が大きい

「ほめ達」から見ると「ほめ下手」な人とは、常に低酸素トレーニング、あるいは加圧トレーニングをしているような人です。すごいです。これだけほめられたい人が多い今の時代において、「ほめる」ことを活用せずに人間関係を構築し、結果を出せていることはすごいこと。「ほめ下手」でやってこられたということはある意味、本当にすごいことだと思います。

そんな「ほめ下手」なあなたが「ほめ下手」を脱出し、「ほめ達」を身につけることができれば、これまで低酸素の環境でトレーニングしていた人が酸素たっぷりの環境で試合をするようなもの。加圧チューブをつけ負荷をかけてトレーニングしていた人が、すべての負荷から解放され自分の最大能力を発揮できるようになる。きっと自分でも驚くほどの成果を実感されることでしょう。

成果の体感が大きいので、さらに学び、実践しようという意欲も強くなります。さらなる成長への好循環も生まれるのです。なんだか始める前からワクワクしてきませんか。

愛ある人とは

この本を読まれているあなたは、間違いなく愛ある人です。愛ある人とは、一手間多い人。誰かのために一手間かけて、プラスアルファの何かをしてあげられる人。プラスアルファの一手間を惜しまない人。「ほめ下手」から脱出するために、本を購入して読む。これほど手間のかかることはありません。それを惜しまない人。まさに愛ある人です。「ほめる」と「叱る」どちらが大事か。「ほめ達」は叱らない人か。よくいただく質問です。

その答えは、「ほめる」「叱る」よりも大切なことがあるということです。それは、その言葉を「誰が言うか」ということ。一生懸命にほめるのだけれども相手に心の中で『あなたにほめられても、少しもうれしくない』と思われていては、意味がないのです。

逆に叱られている、注意を受けているのだけれど、自分が心から尊敬する人からの言葉ならば、あるいは、自分のことをよく理解してくれていると思える人からの言葉ならば、叱られていても、あるいは怒られているときでさえ、「ありがたい」と思えることもあるのです。

すべては人と人との関係性なのです。「ほめ達」は叱らない人ではありません。むしろ、よく叱ることができるようになるための「ほめ達」なのです。この内容については、第5章でくわしくお伝えします。

「ほめる」を学ぶことは、自分の人間力を高める方法を学ぶことでもあるのです。最後は、その人の器量、器の大きさの問題なのです。

そう聞くと、「そうか人としての器の問題か、それなら急には大きくならないな、自分はまだ若いし、人生経験も少ないし」とあきらめそうになる方もいらっしゃるかもしれません。大丈夫です。そのためにこの本があるのであり、そのための知識と実践トレーニング法を本書でたくさんご紹介しています。

人としての器量を一気に大きくする方法があります。そのヒントは、最新の高性能車にあります。

最新の高性能な自動車は、ダウンサイジング、過給器付きです。ダウンサイジングとは小排気量のこと。元々の排気量は小さいのだけど、プラスアルファのターボやモーターが装備されていて、いざここでパワーが必要というときに、その過給器、プラスアルファのターボやモーターを動かして大きな排気量の車に負けないパワーを出すのです。

私たちにとってのプラスアルファのターボやモーターとは何か。それは、一手間かける、準備をするということです。一手間かけて、相手のことを知る。一手間かけて伝える。そのための準備をする。

どのような一手間が効果的か、そのためにどのような準備をしていけばいいのか、具体的な内容については、第2章でくわしくお伝えしていきます。ここでは、例えばこんな準備があるのだというとっておきの一例をご紹介します。

浮き輪言葉を用意しておく

「ちゃんと止まれてすごいやん」

先ほどご紹介した三重県南部自動車学校の社長・加藤さんが先日、本を出版されました。『「ほめちぎる教習所」のやる気の育て方』(KADOKAWA)。このタイトルまではいいのですが、初版本の広告帯を見てびっくり。「ちゃんと止まれてすごいやん」、そう大きく書かれていたのです。止まれたことからほめるって、しかも、「すごいやん」って。「どこまでほめるのだこの教習所は」と多くの方が驚かれるのですが、本当にびっくりするのは、ここからです。

実は、この「ちゃんと止まれてすごいやん」がいつ使われるのかというと、生徒が脱輪したときに使う言葉なのです。脱輪して、止まった、その瞬間に言う言葉だそうです。パニックにならずにちゃんと止まれた。すごいねって。

これを「浮き輪言葉」と言います。失敗したときというのは、人は軽くパニックになっています。例えるならば、海で溺れている状態。溺れかけている人に、「何をやっているのだ、バタ足のやり方が違う！」と言っても相手の耳に入らない。「早く助けてよ！」ということになります。そこでまず、溺れている人には浮き輪になるような言葉を投げてあげることが大切です。

「パニックにならずにちゃんと止まれたね」「タイヤが落ちる感覚がわかる、これも大切なことだよ」「いい経験したね」「路上教習ではなくて、構内でよかったね」。それこそ「ちゃんと止まれてすごいやん」。それは浮き輪になるような言葉を相手に投げて、その浮き輪につかまらせてあげて、しっかりと呼吸ができる安心を与えた上で、次のステップに進む大事なプロセス。「次はどうするんだった？」「コースに戻ります」「そのためにルームミラーでまず後方確認して……」「すごいやん、ちゃんとできるやん！」とほめて支える。

失敗したときこそ、ほめて支える、これが浮き輪言葉です。部下や子どもの失敗は、上司や大人のチャンスなのです。浮き輪言葉を使って、自分の人間力を相手に伝えるチャンスなのです。

波止場やプールの監視台には、必ず救命用の浮き輪が用意されているように、いつ使うかはわからないけれど、誰かがドボンと落ちてしまったときに、スッとその浮き輪を投げて助けられるように、誰かの失敗に対して、浮き輪言葉を投げられるようにあらかじめ用意しておく。

「いい経験したね」「俺なんか、もっとひどい失敗したよ、たとえば……」

自分自身の失敗の経験を、少し大げさに話してあげるのもいい浮き輪言葉となります。

自分の失敗談が誰かの役に立つならば、これからの失敗も怖くなくなりますよね。誰かのための失敗談の仕入れ。これも愛ある人の一手間、準備なのです。

「挑戦者たち」

●ほめ達講師も「ほめ下手」だった・その1
～笑顔がなく、部下から「ゴルゴ」と呼ばれた男～

現在「ほめ達」で認定講師をしている遠藤さんは、某大手外食チェーンでスーパーバイザーを教育する仕事をされています。

「ほめ達」を受講される前の遠藤さんは、部下たちから陰で「ゴルゴ」と呼ばれていました。『ゴルゴ13』に出てくる主人公のように寡黙で、まったく笑わないことからこのあだ名を付けられたと本人は言っていました。ちなみに、ご子息が在籍する小学校のPTAではお母様方から「健さん（高倉健）」と呼ばれていたそうで、両者ともに笑顔のないところが共通しています。

「ほめ達」の認定講師になるための講座を受けるには、事前課題として志望動機や意気込みを文章にして提出する必要があります。遠藤さんの事前課題には、自分が「ほめ下手」であるからこそ、もっとほめ達を勉強し、それを広めていきたいこと、そして自分自身が笑顔の人生を生きていきたいことなどが志望動機として綴られていました。

遠藤さんはその後、講座の中で自分の人生と向き合い、少しでも笑顔を増やすべく、会社でも周囲に対する対応を変えていきました。そしてめでたく認定講師となるのですが、遠藤さんは家庭では、まだ相変わらず笑顔もなく自分の奥さんにはあまり「ほめ達」を実践することができないでいました。ただ奥さんにも自分が変わりつつあることを知ってもらいたい。そこで、今の自分を知ってもらうには提出した事前課題の文章を読んでもらうのが一番良いと考え、奥さんに「これを読んでほしい」と事前課題を渡したそうです。

しかし奥さんは「何？　ほめ達？」「人をほめることも、笑顔もないあなたが何言ってるの？」とまったく取り合ってくれません。しまいには「お前は俺の気持ちがまったく分かってない！」「あなたこそ私の気持ちなんて何も考えていないでしょ！」と言い合いになってしまい、遠藤さんは「もう読まなくていい！」とその作文をビリビリに破って家を飛び出したそうです。

しばらくして家に戻ると、遠藤さんがビリビリに破った作文はセロハンテープで修復されていました。奥さんが「あなたがそういう気持ちでがんばっていたことを知らなかった。ごめんね」と言ってくれたそうです。奥さんのそのひと言を聞いた遠藤さんは涙が止まらなくなり、その後はお互いに「ごめんね」と言いながら泣き続けたそうです。

それからの遠藤さんは会社でも家庭でも、自分を偽ることなく、強いところも弱いところもさらけ出せるようになり、笑顔の人生を歩んでいます。彼のことを「ゴルゴ」と呼ぶ部下はもうひとりもいません。

●ほめ達講師も「ほめ下手」だった・その2 ～熟年離婚寸前だったほめちゃん～

認定講師の細川さんは笑顔の素敵な女性で、みんなから「ほめちゃん」と呼ばれています。今では笑顔で周囲を明るくしてくれるほめちゃんですが、かつては旦那さんと仮面夫婦状態、熟年離婚寸前の冷め切った関係で、家では、とても暗かったそうです。

ほめちゃんのご主人はいわゆる「仕事人間」を絵に描いたような人でした。仕事第一主義で、家の中のことはすべて奥さんに任せた、と無関心なそぶり。奥さんや子どもをほめることも滅多になく、ほめちゃんも夫のことを『なんて冷たい人なのかしら』といつも思っていたそうです。

夫との冷たい関係に疲れたほめちゃんはある日、ひょんなことから「ほめ達」を受講することになりました。そして、ほめ達を受講した彼女は帰りの電車で涙が止まらなかったといいます。

ほめちゃんはなぜ泣いたのか？　彼女は「ほめ達」を受講し、「あなたはあなたのままでいいんだよ」と初めて他の人から認められた気がしたそうです。

それまでのほめちゃんは、家庭で夫が自分を認めてくれると感じることはなく、『自分は何のために存在しているのか？』といつも落ちこんでいました。毎日穴を掘っては落ち込んで、また穴を掘って落ち込んで、そんな自分を見て自己嫌悪に陥りまた落ち込んで……。今でこそ、当時の自分を振り返って「深く穴を掘りすぎて、ブラジルのみなさんこんにちは！　というくらい、毎日落ち込んでいました」と笑顔で話すほめちゃんですが、当時はきっと言葉にできないくらいの辛い日々を過ごしていたに違いありません。だからこそ、「ほめ達」で「そのままのあなたでいいんですよ」と言われ、涙が止まらなくなってしまったのだと思います。

「ほめ達」を受講し、ほめちゃんは自分を認められるようになりました。そして、それまでの長い夫婦生活の中で澱のようにたまった「寂しい」という思いを、ご主人にそのまま素直に伝えました。

するとそれを聞いたご主人はほめちゃんに「今までずっと君にそんな寂しい思いをさせていたなんて……。本当に申し訳ない」と涙ながらに謝ってくれたそうです。

以来、ほめちゃん夫婦の関係はちょっとずつ温かいものへと変わっていきました。ほめちゃんは『主人が変わってくれてよかった』と最初は思ったそうですが、娘さんたちから「変わったのはお母さんのほうだよ」と言われ、我に返ります。

『そうか、変わったのは夫ではなく私のほうだったんだ。自分を認め、自分に自信が持てるようになり、私は変わったんだ』とほめちゃんは気づきました。

熟年離婚寸前だった夫婦関係が改善しただけでなく、娘さんたちとの親子関係もとても良くなったと笑顔で私に報告してくれるほめちゃん。自分を認めることで人は強くなれる。彼女はそれを「ほめ達」で体現してくれています。

第2章

「ほめ下手」の「ほめる」実践法

「ほめ下手」だからテンプレートを使う

いよいよ「ほめる」を実践するときがやってきました。心の準備はよろしいですか。あまり難しく考えずに、まずはやってみましょう。とはいえ、何から始めたらいいのか分からない。これまでスポーツジムなどに行ったことのない人が、たくさんのマシーンに囲まれて、どのように使ったらいいのか分からない。そんな状態かもしれませんね。大丈夫です。ご案内させていただきます。

せっかくですから、すぐに使えて、しかも効果が高い、そんなトレーニングから始めてみませんか。筋肉のトレーニングでいうと、バストアップとヒップアップ、二の腕スッキリから始めるようなもの。ついでにお腹回りもスッキリするといいですよね。お任せください。

「ほめ下手」なあなたですから、いきなり全身のトレーニングを始めるのではなくて、できるところから、また効果的なところからスタートするのが効率的で、継続も容易になります。

これまで私を含めた多くの「ほめ達」たちが実践して効果を実感した「ほめる」実践法をレクチャーさせていただきます。すぐに、あなたの人間関係が、円滑に回り始めることを実感できるのではないでしょうか。

短期間で「ほめ下手」なあなたが一気に「達人」の領域に進化する方法、それはテンプレート（型）の活用です。この場面では、この言葉を使おうという言葉の型を用意しておくのです。そしてあらかじめ準備しておいたそのほめ言葉をさっと言う。英会話の学習でも使われている方法です。

遭遇する機会が多いであろう場面に対応したフレーズから勉強する。例えば、ホテルのチェックイン、レストランでの注文など。ちなみにレストランで使う英語で私のお勧めフレーズは「What do you recommend?」「あなたのお薦めはなんですか?」、便利でありがたいフレーズです。

このあと、すぐに使えて効果的、さらには「ほめ下手」の人が急に使いだしても不自然ではないフレーズからお伝えしていきます。

「ほめ達辞書登録」でほめ変換

ほめるテンプレート（型）、「ほめ達」フレーズを具体的にお伝えする前に、理解しておくべきことがあります。この実践プログラムは「ほめ下手」なあなたのために特別にプログラムされたものです。短時間で非常に効果が上がる方法です。ただ、その実践の前に、基本的な考え方だけは知っておいてください。どのようなトレーニングも正しいフォームで取り組まないと効果は半減してしまいます。「言葉の型」を覚える前に、基本となるのが「考え方の型」を知るということです。

「ほめ達」を受講した多くの「ほめ下手」が通ってきた道、そして通過していくポイントです。

それは、考え方はそのままで、使う言葉だけを変えるトレーニングをするということ。考え方、頭の中の思いは、そのままで良いので、使う言葉だけを変えていく。これがこれからあなたが実践していくことです。これは、心にもないことを言う、とは少し違います。

頭の中に浮かんだ思いを言葉にする前に、変換して口に出すということです。

パソコンには辞書登録機能というものがあります。

ご存知でしょうか。ご存知の方は、きっと便利にご活用されていると思います。

もともとの変換に加えて、自分オリジナルの変換ができるように、辞書に言葉を登録できる機能です。

たとえば、私のパソコンは、「にしたか」と入力して変換キーを押すと、「西村貴好」と真っ先に変換されるように登録されています。また、「ありみら」と入力変換すると、「在り難い！　……本当の意味は、It's a miracle!」

こんな文章に。とっても便利な機能です。よく使う文字や文章を登録しておくと、文章作成の効率がグングン上がります。

この大変便利な文字変換を、思考と発言でも活用してみてはどうでしょうか。思考は変えなくていいので、発言、発する言葉だけを変換してみるのです。

「何を考えているのだ、全然違う！」という頭の中の思考を、ポンと変換して

「そうくるか！」

「まだまだ足りない、残念！」は、こう辞書登録しておいて変換、発言します。

「惜しい！」

「その考え理解できない！」なら

「それ面白い！」

頭の中に浮かぶ思いや思考は変えなくていいので、口に出す言葉だけを変えていくのです。

「ちぇっ！」と言いたいときには、

「ちゅっ！」

です。一度、声に出して言ってみてください。せーの、「ちゅっ！」

なんだか笑ってしまいませんでしたか。思いはそのまま、言葉だけを変える。すると、不思議なことに思いにも変化が表れだすのです。

怒りの感情が怒りの言葉を呼び、その言葉に酔ってしまって、怒りの山火事が燃え続ける。そんな災害を防ぐために、小さな火のうちに、思考の変換、ほめ変換していくのです。最初のうちは、辞書登録の数はあまり多くないかもしれません。時間をかけて、少しずつ少しずつ変換フレーズを増やしていく。これいいなと思ったら、「ほめ達」辞書登録していくのです。

「ほめ下手」だから、いきなり気の利いたことは言えなくていいのです。悔しい思いをいっぱいしてください。私がそうでした。今ではそれなりに「ほめ達」辞書変換の言葉の数、引き出しは持っていますが、こう見えて意外と口下手な方なのです。私もかつては上手に言葉を返すことができない人間だったのです。アドリブが苦手だったのです。「ほめ下手」でしたから。

その代わりと言ってはなんですが、私は時間をかけて考えることは得意でした。『あのときにうまく言えなかった、悔しい』とずっとその後も考え続けるのです。そしてふと閃く！　あぁこう言えばよかった！　そして、閃いた言葉を忘れないように引き出しに入れ、次の機会を待つのです。そして、また別の機会で悔しい思い。また考え、思いついて引き出しへ。

私はそういった作業を地道に続けてきました。これもまた、語学の習得と同じやり方です。外国に行って、チェックインのときにうまく発音できなかった、レストランで、自分の注文が通じなかった。悔しいからその時の正解フレーズを調べて発音の練習、次こそは。

「ほめ下手」で良かったのです。時間をかけて学べるから。語彙が分厚くなるのです。やがては、引き出しにしまっていた言葉がスッと出てきて活用できる、その機会が一気に増えだすのです。

時間をかけて、言葉をコレクション。「言葉の仕入れ」、これもまた「ほめ達」の楽しみ、醍醐味の一つです。

「雰囲気ありますよね」

頭が温まってきたところで、いよいよここから「言葉の型」、具体的なフレーズをお伝えしていきます。

「ほめ下手」が、まず最初に「ほめ達」辞書の引き出しに入れておく言葉たちです。

通常の「ほめ達」の講座では、ここで「ほめ達3S＋1」をご紹介するのですが、「ほめ下手」のあなたには、まだ荷が重く感じられるかもしれません。そこで、私も密かに使っているとっておきのフレーズからご紹介していきます。

ほめ達協会を設立して、まだ間もない頃、名刺交換をすると、時々言われる言葉がありました。

「へぇ、ほめる達人なんですね。私をほめてみてください」

初対面、会ったばかり、そして何度もお伝えしている通り私は「ほめ下手」、アドリブが苦手。しかし、ここでひるんでしまうと、「ほめ達」普及の大切な道が途絶えてしまう。脳をフル回転させて、相手を観察、何かないかと必死で探します。人間必死になると、何か見つけるものです。

そのときに私がよくお返しした言葉は、

「この質問をされる積極性が素晴らしい！」

「きっと、人生のすべてを積極的に生きておられるのでしょうね」

そう満面の笑顔で伝えながら、心の中は、脂汗たらりです。

幸いなことに、その言葉を聞かれた相手は、にっこりと微笑まれて、満足そう。余裕が出た私は、さらに言葉を重ねました。

そして、**「いや何か（相手をまじまじとみて）……雰囲気ありますよね」**

この「雰囲気ありますよね」コレこそが、とっておきの言葉です。

言われた方は、なぜかうれしくなるのに、伝えるこちら側に根拠がまったく必要ありません。根拠が必要ないということは、いつでもどこでも使える、そして相手も否定できないということです。

いつでも使えますので、まずは、この言葉を引き出しに入れておいてください。

ちなみに、「ほめ達」になるとほめ言葉に根拠を載せてお伝えできるようになるので、「ほめ下手」を脱出するとともに使う機会が少なくなる言葉でもあります。

さらに、どんどん言葉を足していきましょう。

次は「ほめ下手」なあなたの前に、例えば、仕事の現場などで自分とはまったく違う考え方をする人が現れたときに使う言葉です。ご紹介する言葉は、ほめ辞書変換の中でもご紹介しているフレーズなのですが、とっても役に立つ言葉なので、あらためてご紹介します。それは

「面白い！」


です。

「違う！」と言いたいときに、「面白い！」。

「面白い！」という言葉は、相手を否定していませんが、完全なる同意もしていません。

ただ「面白い！」と言われた相手は、自分を認めてもらった気持ちになるのです。

これまで「ちょっと違うんじゃない」と言っていた場面で「それ面白いね」。「全然違う！」という内容ならば、「面白い！　あともうちょっと変化したバージョンもないかな」と言うようにする。相手に伝えたいメッセージは「このままではダメ、考え直してこい！」と同じなのですが、伝わり方、相手の受け止め方がまったく変わります。こう使う場面

を想像するだけで楽しくなってきませんか。

さらに相手にアドバイスを与えるときに、有効な言葉があります。「ほめ下手」なあなたが相手に、ここを直して欲しいな、さらにここを修正するとさらに良くなるのにな、というときに使える言葉です。子育ての際にも有効です。

相手にアドバイス、注意を与えるときに、まずこの一言から、それは、

「惜しい！」

です。

「惜しい！」と言われると、言われた方は、8割がたまでは完成している、認められているという気持ちになります。そのあとに続くアドバイスは、すぐに直せて効果が高い、安心安全なアドバイスが続くという安心感を持つことができます。そのため、人の気持ちを受け止める心のコップを全開にして上に向けて次の言葉を待つのです。

心を開いてもらえるから、「惜しい」に続くアドバイスが相手の心の中にスッと入っていきます。

本当は、こちらが求めている8割もできてない、半分も超えていない「残念！」な状

態であったとしても、「惜しい！」で一つ一つ、直していってもらう。これが正解です。

ところが、この「惜しい」という言葉は、普通に生活しているとなかなか使えない言葉でもあります。

相手に直して欲しいところが見つかると、一つでは済まなくなるのです。一つ見つけると、芋づる式に次から次へと直して欲しいところが見つかって、それを一気に伝えてしまう。そして、さらには相手の心のコップを下に向ける伝え方までしてしまう。それは「ついで」叱りです。

「君ねぇ、いつもこれを注意してきたよね。今回また、同じような失敗をして……あと、もう一つ言ってもいいかな」

どうでしょう、あと、もう一つから先が、相手の心の中に入っていくでしょうか。一応、立場上はおとなしくアドバイスを聞いているようですが、心の中はきっと『あなた、どうせ私のこと認めてないですよね。あと一つから先をがんばって直したところで私に対する印象って、変わりませんよね』となってしまっているのではないでしょうか。

ところが、「惜しい」なら、まったく違います。「惜しい」に続けて、アドバイス。「惜しい、あとこの部分に具体的な数字の裏付けがついていれば……」と伝えられると「今から、早速調べて追加します！」となりますすよね。「惜しい」は、知っていて損はない言葉です。

「がんばれ！」と言いたいときには

「ほめ下手」な人だけでなく、すべての人に知っていただきたい、ある言葉の使い方があります。

それは「がんばれ！」と言いたくなる場面で、「がんばれ！」とは言わないということです。それでは、がんばれと言いたい場面でどのように言えばいいのか。

「がんばれ」と言いたいときには、「がんばってるね」と言うのです。

「がんばれ！」と「がんばってるね！」、相手に与える言葉の効果は同じなのですが、受け止める方の感情は、状況によって、まったく違うときがあるのです。

「メイク・ア・ウイッシュ」というボランティア団体があります。3歳から18歳までの難病と闘っている子どもたちの夢をかなえ、生きる力や病気と闘う勇気を持ってもらいたいと活動している団体です。

このボランティア組織に入って活動するためには、事前に研修を受ける必要があり、真っ先に厳しく教えられることがあります。それは難病と闘う子どもたちに絶対に使ってはいけない言葉があるということで、その言葉は「がんばれ」。子どもたちは十分以上に戦っている、これ以上まだがんばれと言うのか。ときに「がんばれ」は残酷に伝わることもあるのです。

「がんばれ」と言いたいときに、「がんばってるね」。「ほめ下手」でも使えて、相手に温かいものが伝わる、いい言葉です。

さらに、「がんばれ！」よりも「がんばってるね」よりも、素敵な言葉。言ってもらえると心があったかくなって、さらにがんばろうと思ってしまう言葉があります。それは「がんばりすぎないでね」。こんなことを言われたら、もう、最高に、うれしい。想像するだけでうれしい、そう思いませんか。

あなたも、「ほめ下手」からの脱出、トレーニング、がんばりすぎないでね。

そろそろ、自分も「ほめ下手」ではないイメージが湧いてきたのではないでしょうか。そんなあなたに、とっておきのほめ言葉をお伝えします。シンプルだけど、相手の心に刺さる、貫通力の高い言葉です。どのような場面で使うのかというと、相手があなたに、何かのチェックを求めてきたようなときです。

「これ、内容をチェックしてもらっていいでしょうか」と確認を求められたときに、内容をチェックして、不備がない大丈夫、オッケー、問題なしという場面で使える言葉です。「大丈夫」「オッケー」「問題なし」という代わりに使う言葉、それは、

「完璧！」

「完璧」と言われた方は、自分はすごく認めてもらった、才能あるかも、と感じます。シンプルな言葉なのですが、すごくうれしくなる言葉です。

また、相手との付き合いがある程度あるような場合には、

「いつもながら完璧」

という言葉もさらに威力大です。「完璧」に「いつもながら」がついて「いつもながら完璧」と言われると、言われた方は、『私はこの人にすごく認めてもらっている』という気持ちになり、関係性がさらに良くなります。

「完璧！」、ぜひ機会を見つけて普段から、どんどん使っていきたい言葉です。では、

どのようにして使っていけばいいのか、どこでトレーニングすればいいのか。とっておきの方法をお伝えしますね。

「ほめ下手」がトレーニングする場所として、最適なのが居酒屋などの飲食店です。「ほめ達」を目指す「ほめ下手」にとって居酒屋は、「ほめる」練習トレーニングに最高の場所です。野球少年がバッティングセンターに行くようなもの。ほめやすい球がいっぱい飛んできます。

料理を「ほめる」、スタッフの笑顔を「ほめる」。お薦めの料理を聞いて、そのお薦めを「ほめる」。

そして、〆は、これ。スタッフの「ご注文のお品はすべてお揃いでしょうか」という言葉に対して、「大丈夫」「全部出ている」「オッケー」という代わりに「完璧！」と言ってみましょう。間違いなく、スタッフの表情が輝きます。ぜひお試しください。

最高のほめ言葉

ここでいよいよ、最高のほめ言葉の登場です。

この言葉は、普段我々が何気なく使っている言葉でもあります。今後は、ぜひ意識して使ってください。最高のほめ言葉、それは、

「ありがとう」

人は、ただ、ほめられたいのではないのです。自分が誰かの役に立っていることを知りたい。誰かから感謝されたいという気持ちが非常に強いのです。ですから、事実プラス「ありがとう」は最高のほめ言葉なのです。**事実プラス「ありがとう」。ここでのポイントは、必ず事実が入っていること。**

そして、この事実は小さければ小さいほど良いです。「ほめる」というと大層な事実、すごいことを探そうとしてしまいますが、小さな事実を見つける。小さな事実が、誰のどんな役に立ったのかを伝えてあげることが大切です。この小さな事実探し、これが「ほめ達」の腕の見せ所でもあります。このあたりのくだりは、かなり上級編になりますので、あらためて3章以降でお伝えしていきますね。

ここで、「誉」という漢字のお話をしておきます。

「ほめる」という漢字は2種類あります。「誉」という漢字と「褒」という漢字です。

ここでは「誉」という漢字の意味をお伝えいたします。この「誉」という漢字は、とっても素敵な二つの言葉からできています。上下に分解すると、上が「光」、下が「言」。「誉」とは「光」を届ける「言葉」という意味なのです。

人間の目は「借光眼」といい、光の力を借りないとモノを見ることができません。光がないと何も認識することができないのです。真っ暗闇の部屋の中にダイヤモンドが置かれていても、光がないと、そのダイヤモンドを見つけることはできないのです。そして、光に対して闇があります。闇に対して光の力が役に立つのですが、この光の力は心の闇を照らすときにも役に立ちます。

心の闇の中で、最も恐ろしい闇があります。それは「ありがとう」の反対です。「ありがとう」の反対とは何か。それは「当たり前」です。「当たり前」と感じた瞬間に、そこに感謝や価値が見つけられなくなります。家族がいて当たり前。自分のことをしてくれて当たり前。仕事があって当たり前。部下は会社に来て当たり前。ノルマは達成されて当たり前。子どもが学校に行って当たり前。自分や家族は健康で当たり前。当たり前と思った瞬間に感謝がなくなる。そんなことってないでしょうか。

人は悲しいことに、失うか、失うかも！という状況にならないと、本当に大切な存在の価値に気づかないものです。そんなとき、心の闇にとっての光となるのが「ありがとう」なのです。「当たり前」のことに意識を向けて「ありがとう」と感謝を届けられる人、これが「ほめ達」です。

ですから、「ありがとう」を探すヒントは、「当たり前」だと感じてしまっていることに意識を向けること。「当たり前」の中にこそ、価値を見つけ感謝を伝えていくのです。

さらに、あなたの感謝力を高める小さな習慣づくりのトレーニングがあります。それは、日常の中で「すみません」「ごめんなさい」と言ってしまう場面で、可能な限り「ありがとう」「ありがとうございます」と言い換えてしまうということです。これは私も毎日実践しており、お勧めです。

例えば、エレベーターの扉を開けて待ってもらっていたときに、ギリギリ駆け込んで「すみません」という代わりに「ありがとう」「ありがとうございます」と言うのです。手伝ってもらって「ごめんなさい」を「ありがとうございます」。遠くにあるものを取ってもらって「すまん」という代わりに「ありがとう」。とっさに「ごめんなさい」と言っても大丈夫、その言葉に上書きするように「ありがとう」「ありがとうございます」を足していけばOKです。

いきなり、「ありがとう」がおかしい場面もあります。満員電車に乗っていて、自分が降りたいとき、いきなり「ありがとう！　ありがとう！」はおかしいですよね。最初は、「すみません、降ります！」と言ってから「ありがとうございます！」これが良いのです。

ありがとうへの上書きトレーニング、「ほめ下手」のあなたにお勧めの習慣形成トレーニングの一つです。

「ほめ達」の口癖は3S＋1

そろそろ、「ほめ達」の口癖をご紹介いたしましょう。

どんな人でも「ほめ達」になってしまう魔法の言葉、口癖。

それが「ほめ達3S（スリーエス）＋1」です。Sで始まる三つの言葉、それは

「すごい！」

「さすが！」

「すばらしい！」

女性の場合には、さらにもう一つSを足して4Sにして「すてき！」を入れても良いですね。これらの言葉を、まず口に出してしまうのです。

まずほめよ、あとはそれから考えよ。

人間の脳は、怠け癖がありますが、持ち主を絶対に裏切りません。ほめればほめた理由が、必ず後からついてくるのです。

これらの言葉の効用については、これまで様々な場面でお伝えしてきていますが、まず間違いのない実績のある言葉ですので、安心して自分のものになるまで口に出してください。実践、実践、トレーニング、トレーニングです。

いや、本当に**すごい**です。「ほめ下手」なのに、ここまで読み進められて、そして、この「ほめ達3S＋1」をぜひ口に出してくださいと言われた瞬間、どこで使おうかと考えておられる「あなた」。

その学びの姿勢が**すばらしい！**　**さすが**、この本を手に取られた学ぶ気持ちの高い「あなた」、その素直さが**すばらしい！**

と、例えばこのようにね。

さらに「＋1」（プラスワン）。これもSで始まる言葉です。

「これはほめてはいけない」、あるいは「何を考えているのだ、全然違う！」と言いたいとき。「面白い」とも言えない場面で使う言葉です。

それは、

「そうくるか」

こう言われた相手は、間違ったことをしたな、と感じつつ、どこか認めてもらったような気持ちにもなる、不思議な言葉です。「そうくるか」は、使うこちら側の心を鎮める効果もありますので、これも引き出しに入れておいてください。意外と使う機会が多く、自分の中で流行語になったりもします。

ただ、「そうくるか」には使用上の注意点が一つだけあります。決して上司には使わないでください。使うとものすごく怒られますから。

「ほめ下手」だからメールが輝く

「ほめ下手」にとって、メールの返信やフェイスブックなどのSNSへのメッセージ投稿は、ほめる技術を磨く絶好のトレーニングの場となります。

アドリブで目の前の人に気の利いたことが言えない「ほめ下手」でも、時間をかけて考えれば何か足すことはできます。一手間かけて考えたり、探したり、調べたり、頭の中の引き出しをゴソゴソしたり。

これまで何気なく返していたメールの返信、メッセージの投稿に対して、少し意識してコメントを足してみる。言葉を足すことでそのメールやメッセージが一気に輝きだします。

常にプラスアルファの言葉を足す習慣づけです。

これを私たち「ほめ達」協会では、**プラス20文字のプレゼント**と呼んでいます。元々は、「ほめ達」協会の専務理事である松本秀男講師が実践していたことです。

松本専務の著書『できる大人は「ひと言」加える』(青春出版社)からいくつかご紹介させていただきます。

仕事のメールの返信をいただいて、

「おかげで、仕事が2日分ぐらい前に進みました!」

相手からすると、当たり前の返事をしただけなのに!

アポイントの調整依頼があり、大丈夫だったときに
「この日程は、個人的にもとてもありがたいです！」
変更をお願いして、申し訳なく思っていたのに、ありがたい！ なんて！

一手間かけて、20文字のプレゼントを送るつもりであと1行だけ書く、素敵ですよね。


また、ちょっとした工夫と仕組みの活用で、印象に残るメールにすることもできます。

例えば、「ほめ達」辞書変換でご紹介した、「ありみら」↓「在り難い！ ……本当の意味は、It's a miracle!」

私は、はじめてメールを送らせていただく相手に対して本文の最後にこの言葉を足すようにしています。

毎回、全部の言葉を打つのは大変ですが、辞書登録しておけば、簡単！ ただ、「ありみら」と打って、変換キーを押すだけ、あっという間に、
在り難い！ ……本当の意味は、It's a miracle!

が登場です。
あなたなりの好きな言葉や名言などを辞書登録して、メールの最後に入れるのはどうでしょうか。

せっかくなので、先日私が実際にやり取りさせていただいたメールをご紹介させていただきます。

とある雑誌で「ほめ達」の活動を取り上げていただき、取材後にライターさんから「間違いなどがないかどうか、記事の原稿チェックをお願いします」との確認メールが届きました。
さすがプロのライターさんです。その記事はとてもよくまとめられていました。そこで私はこのような返信をライターさんにお送りしました。

「おお！　○○さん、さすがです。というか、ありがとうございます！
自分が話したことなのに、話した私が、記事の内容をメモしそうになるぐらい完璧にまとめていただいてます。ありがとうございます。
○○さんが超一流のプロ編集者、ライターだからと勝手に感じ、見込ませていただき、安心して話し散らかして本当によかったです。
なんの修正もございません。発売が楽しみです。ありがとうございます！

感謝！

在り難い！　……本当の意味は、「It's a miracle!」


このメールを返信した後、すぐライターさんからお礼の返信が届きました。


「迅速な対応ありがとうございます。

ゲラをお送りしてこれほどのおほめの言葉をいただいたのは作家の井上ひさしさんからほめていただいたとき以来です。

元気が出ました。ありがとうございます。ではこれで進めさせていただきます」


私が送ったメールで「元気が出た」と言っていただき、とてもうれしい気持ちになりました。

今や世のほとんどの人が、パソコンやスマホでメールやSNSを使っています。いつも使っている便利ツールでさえも、ちょっと意識を変えるだけで相手だけでなく、自分もうれしい気持ちになることができるのです。皆さんもぜひ今から、そんな意識を持ってメールやSNSのメッセージに一手間かけてみませんか。

「ほめ下手」だからこそメールが輝く！　と思うのですが、いかがでしょうか。

「ほめ下手」だから「笑顔して」生きていく

私が「ほめ達」になってから決めていることがあります。

それは「笑顔して」生きていくということ。

私は元々笑顔が少ない人間でした。特に大人になってからは。

子どもの頃はいつも笑っていて、目も細かったので、西村はいつでも笑ってるな、真剣な顔するときがあるのかと聞かれるぐらい。それが嫌で青年期からは、ことさら怖い顔をするように演じていたような気がします。

中学時代からスポーツに打ち込み、キャプテンを任されることも多く、つねになめられてはいけないと強がっていました。社会人になってから、さらにその強硬姿勢に拍車がかかっていくのです。

このあたりのエピソードについて、ご興味がある方は第4章をお読みいただければと思います。

ある時から私は、「笑顔して」生きていくと決めました。

笑顔は、なるものではなく、するものだ。

楽しいことがあるから、笑顔になるのではない。

笑顔するから、楽しくなるのだ。

そう考えて、実践するようになったのです。

上手な言葉は届けられなくても、相手を見て微笑むことはできる。

笑顔で、安心安全な空気を届けることはできる。

「ほめ下手」だった私に唯一できること。それが笑顔だったのです。

今では、笑顔がトレードマークの私です。中には私の笑顔でない「真顔」のシーンを写真に残そうとパパラッチのように狙っている人までいます。そんな私ですが、歯科医の友人からすると少し違う部分も見えるようです。

私が定期的に歯のメンテナンスに通っているその歯医者さん。最初に私の歯を見て、そのドクターは言いました。「笑顔のほめ達さん、実は歯を食いしばり、悔しい思いをいっぱいしてきた人生ですね」。歯には、人生のすべてが表れるようです。

笑顔に関しては、こんなエピソードもありました。

毎日のように全国を飛び回っている私ですが、ある地方に講演会の講師として呼んでいただいたときのことです。その講演会には強面の経営者の方がひとり、参加されていました。素の顔はちょっと怖いのですが、笑うととてもチャーミングで素敵な顔になります。とっても印象的だったので講演会が終わった後の歓談タイムでその方に「〇〇さん、笑顔がとても素敵ですね。笑顔が素敵で印象的。どうしたらそのような笑顔ができるのですか？」と質問させていただきました。

するとその方は、

「西村さん、何言ってるんですか。西村さんがこちらでお話しされるのは2回目です。5年前にも講演会をされたのですよ。そのときに、私も参加させてもらっていて、そのときに「なかなか笑顔になれない」って西村さんに相談したら西村さんが『私も元々笑顔のない人間でした。ただ「ほめ達」を始めたときに笑顔で生きていくって決めたんです。だからいつも笑顔なんです』って。それ聞いて、かっこいいなと思って。それから私も、笑顔して生きていくって決めたんです」と話してくれました。

「ほめ達」をやっていてよかったな、うれしいな、と感じるのはこういうときです。蒔いてきた種の芽吹きと出会えた瞬間でした。

「変顔」と「笑顔」の正体

今、自分にできること小さなこと、それを全力で行うことで、どのようなことが起きるのか。ここで小さなエピソードを一つご紹介いたします。

ある30代のサラリーマン（ここではAさんとします）の話です。Aさんは職場で人間関係などに悩み、うつ状態になったため休職しました。Aさんは休職中にふとしたきっかけで「ほめ達」を知り、「ほめ達」検定などに参加され少しずつ心を整えていきました。『そろそろ復職しようかな』と考えられるまで回復してきたある日、近くの公園での出来事です。そこには、観光地などによくある「顔ハメ看板」があったそうです。

Aさんには5歳になる娘さんがおり、その娘さんは「顔ハメ看板」を見つけると必ずそこから顔を出し、変な顔をしては撮影をせがんでいたそうです。そんな娘さんを見てAさんは「何でそんなに顔ハメ看板が好きなの？　変顔するのが面白いから？」と聞きました。すると娘さんは、

「どうして私が、この変顔するのが好きか知りたい？　教えてあげようか。それはね。これをすると、パパが笑ってくれるから」

と答えたそうです。

娘のこの言葉を聞いてAさんは思いました。この子こそ、本当の『ほめ達だ』と。

Aさんは娘のことをほめてやろうと思っていた自分の浅はかさを知り、涙が止まらなかったそうです。そして、娘さんに対して愛情とともに心から感謝が湧いてきたといいます。

5歳の娘さんがやったことは「ほめ達」の真髄である「ほめずにほめる」ことに他なりません。Aさんの娘さんは、ただ純粋なその笑顔で、健気なおどけた表情で、お父さんをほめ、激励していたのです。

Aさんは今では仕事に復帰し、「ほめ達」の実践を続けながら毎日元気に働いています。人はただほめられたいだけではなく、誰かの役に立つことをしたい。私は、父親を笑顔にするために自分にできること、全力の変顔と笑顔をする5歳の娘さんから、大切な何かを教わった気がしました。

「ほめ下手」だから仕草を意識する

「ほめる」ことを最も狭く定義すると、「目上から目下に対して、言葉を使って、良いことを言う」となります。この定義、「目上から目下に対してだけ」「言葉を使って」「良いことを言わなければいけない」に縛られてしまうと、実践できることがほとんどなくなってしまいます。ただでさえ「ほめ下手」なのに、この制約は厳しすぎます。

「ほめ達」は、言葉を使わずとも相手を認めていきます。ぜひご紹介したいのが、ここから先の「ほめ仕草」たちです。

言葉を使わないほめ方なので、ほめずにほめる！「ほめ達」の極意としてご紹介することも多い内容です。すぐにできることばかり、もうすでに無意識のうちに実践されていることもあるかもしれません。

知っている、あるいは、もうすでにやっているという項目があれば飛ばし読みしていただいて結構です。ただ、今後は、ぜひ「意識して」使ってみてください。

心の居場所のつくり方

魅力的な人が無意識のうちにやっていることを言語化していきます。

例えば、魅力的な人がやっている挨拶。これを「**二言挨拶**」と言います。

二言挨拶とは、その言葉の通り、挨拶にもう一言足すということです。

「おはようございます！」プラス「すっかり涼しくなりましたね」

「こんにちは！」プラス「お久しぶりですね」

名前をプラスして、「○○さん」「おはようございます！」

挨拶に一言加える。このように相手の名前を入れるのでもOKです。あるいは、とっさに言葉や相手の名前が出なかったときには「**おお！**」「おはよう！」。「**あっ！**」「おはよう！」。この「おお！」や「あっ！」にあなたと会えてうれしい！　の気持ちを乗せて挨拶する。あるいは、言葉でなくて良いので、挨拶プラス笑顔を向ける。挨拶プラス軽く手を振る。相手の方を向いて、挨拶をする。歩いていたのを立ち止まって、挨拶。下を向いて書き物をしたり、パソコンをいじっていた手を止めて、顔を上げて、挨拶をする。このような挨拶プラス、ワンアクションも二言挨拶になります。

挨拶とは、「私はあなたの存在を認めてますよ！」と伝えることです。この二言挨拶は、「ほめ下手」でも実践可能なので、ぜひ今日この瞬間から意識してみてください。

二言挨拶を実践している職場や店舗、家庭には、なんとも言えない居心地の良さ、安心感が溢れてきます。そこを訪れる人に「**心の居場所がある**」と感じさせる効果もあります。

お地蔵さんのご利益

以前、「ほめ達」の研修を受講された女性から「二言挨拶」とまったく逆のことをする上司がいるのですが、どうすればいいでしょうか」というご質問をいただきました。「私の上司はこちらから挨拶をしても、返事をしないどころか、顔もあげない、ピクリとも動かない。毎日毎日、挨拶や会話をするのが苦痛で、この先も毎日あの上司と同じ職場で働くことを考えると本当に憂鬱で……。どうしたらいいでしょうか」という相談です。

挨拶も返事もまともにできない大人、そんな人、本当にいるのかな、と一瞬信じられなかったのですが、会場に居合わせた他の参加者の何名かも、ウンウンと頷いていらっしゃったので、世間にはそんな人もいるのだなと、その悩みに真剣に向き合いました。

私の回答は、「えっ、こちらから挨拶しているのに、返事をしてくれない、顔もあげない、ピクリとも動かない!?　その人は、もはや人ではありません」。さらに続けて、「人でないなら、その上司は何か。その上司は、お地蔵さんです！」とお伝えしました。「その上司は職場を守ってくれている『守り神』です。守り神だと思って大切にしましょう。『今日もご利益ありますように！』と前を通るたびに大切に挨拶して通りましょう。ちなみに「ご利益ありますように」とは口に出して言わないように。『お地蔵さん、職場を見守ってくれてありがとう』。そんなふうに感謝の念を抱きながら挨拶だけしておきましょう」。

その上司を〝お地蔵さん〟だと思えばいいのです。そのような気持ちで接していれば、仮にそのお地蔵さんが返事をしたり、動いたりしたときにも「お地蔵さんがしゃべった！」「お地蔵さんが動いた！」と楽しい気持ちになれます。

「だから上司に挨拶するときには心の中で手を合わせて〝会社を見守っていただいていつもありがとうございます〟と思いながら笑顔で挨拶してください。もしお地蔵さまが動くことがあったらご利益があった！と喜びましょう」と伝えました。

すると後日、その女性から「西村さんの言った通り、お地蔵さんだと思ったら会社に行くのが苦痛ではなくなりました」とうれしい報告がありました。

さらにしばらく経ってから、またその女性から「お地蔵さんが動きました！」と笑える報告が。彼女が言うには、最近では10回に1回くらいはこっちを見てくれるようになったのだとか。「ご利益をもらいたいので、もっとこっちを見てくれるようにがんばります」とその女性は楽しそうに言っていました。

その女性は自分の考え方を切り替えることで、日常を大きく変えることができました。そうすることで、気分を変え、日々の中に楽しみを見つけることができるようになるのです。

「ほめ達」の『相手をほめる』という行為は、他者のためではなく、自分自身のため、自分がポジティブな力を発揮できるようになるためのものなのです。

ほめて得をするのは自分自身。ほめることで、自分の心が豊かになり、毎日が楽しくなっていくのです。

出会う人を味方につける話の聞き方8つのポイント

これも常々お伝えしている内容なので、知っている方、実践できているという方は飛ばしていただいて良い内容です。

ただ、初めての方、特に「ほめ下手」の方にはぜひ、知っていただき、実践していただきたい内容。すぐにできて効果が絶大な内容です。それが話の聞き方を意識するというもの。

「ほめずにほめる」ほめ仕草のひとつです。聞き方のポイントは次の8点です。

① 目を見る

② うなずく

③ **相槌を打つ**
④ **繰り返す**
⑤ **メモをとる**
⑥ **要約する**
⑦ **質問する**
⑧ **感情をこめる**

大尊敬する人の話を聞くとき、あるいは大好きな人と話しているとき、皆さんは自然にこのポイントのうちのいくつかを実際にやっているはずです。

尊敬する人や大好きな人と話しているとき、無意識のうちに聞き上手になっているのです。無意識のうちにやっていることを意識してやっていく。これが「ほめ達」になるための筋トレ。トレーニングなのです。誰でも聞き上手になれますし、それが「ほめ下手」にできる最良のほめ方となるのです。

また、先輩や上司とうまくコミュニケーションがとれずに悩んでいる方には「質問して、ほめる」ことをお勧めします。

会話の途中で「すごいですね。どうやって身につけられたんですか?」「どの時間を使って勉強されているんですか?」「○○さんには仕事上の師匠っていらっしゃるんですか?どんなことを学ばれたんですか?」

など尊敬の念を示しつつ質問をしていくのです。イメージは「**ヒーローインタビュー**」です。ヒーローインタビューとは、質問の形をとった賞賛です。

話の聞き方、ぜひ意識してみてください。繰り返しお伝えし続けるのには、意味があるのです。

知っているかではなく、できているかレベルで自分の話の聞き方を見直してみてくださいね。そして、実践、実践、トレーニングですよ。はい。メモメモメモも。さっそく、この本の余白に思いつきを書いてみましょう。

「ほめ下手」だから使わない言葉を決める

すぐに使える言葉や仕草をプラスアルファ、意識して実践してみる。

小さなことを意識するだけで、なんだか周りの人との関係性が変わってきた、あるいは変わりそうな予感がする。その予感は、正解です。ぜひ、小さなことを実践し続けてくださいね。

次は、使わない言葉を決めるということに挑戦です。

ついつい使ってしまう言葉に私たちは影響を受けています。言葉によって、考えや行動に大きな影響が及ぶのです。急に多くの言葉を封印する必要はありませんが、まずはコレからというものをお伝えします。

脳を昏睡状態にさせる「4D」

人間の脳は、怠け癖があります。すぐに省エネモードで運転。「ほめる」ということは、怠け癖のある脳を楽しく、全力運転で「こき使う」こと。そして、口に出したり、頭の中で使う言葉によって、脳の稼働状況が大きく変化します。ただでさえ怠け癖のある脳を眠らせてしまう言葉、昏睡状態にさせてしまう言葉もあるのです。その効果は恐ろしいほどです。脳を眠らせてしまう言葉、それは言葉の、

「3D」＝「でも」・「だって」・「どうせ」です。

「**でも**、この景気の中では……」

「**だって**、この状況では……」

「**どうせ**、この組織では……」

これらの言葉を口にした瞬間、あるいは頭の中で使った瞬間、脳は考えることをあきらめます。

さらにもう一つDを足して、脳を一気に昏睡状態にさせてしまう人もいます。

4Dになると何が加わるか、それは**「できません」**です。

「でも、だって、どうせ……できません」

創造的なことが何も生まれない悲しい言葉たちです。

それでは、4Dの言葉が出そうになったときにどうすればいいのか。別のDの言葉に置き換えるのです。

置き換えるD言葉は、**「だからこそ」**あるいは**「どうやったらできるかな」**です。

「この状況**だからこそ**……」

「この組織の中で、**どうやったらできるかな**……」

この言葉さえ使っておけば大丈夫、あとは怠け癖はあるけれど、命令されると素直で優秀な脳にお任せするだけです。不思議とプラスのアイディアが浮かんでくるものです。

「ほめ下手」脱出の段階では、使わない言葉を決めることからスタートです。

その代表例が言葉の４Ｄ、まずはコレから。

さらに「ほめ達」になると「言葉を選んで」生きていきます。通常、言葉を選ぶということは、頭の中で考えていることとは違う言葉を口に出すということです。本当は、頭の中では『自業自得でしょ！』あるいは『ざまぁみろ！』と思っているのに、口では「不運としかいいようがない！」「いやぁ、お気の毒！」と言う。

これを「ほめ達」は、頭の中で使っているマイナスの言葉から違う言葉に置き換えていくのです。頭の中で使う言葉がその人の人格にも表れていく。考え方を変えるということは時間がかかり、自分で確認することが難しいのですが、言葉を変えることならできます。自分が頭の中で使っている言葉を確認することで、自分の考えをモニターすることができるのです。

「未来は言葉で変わる」

これが「ほめ達」の考え方、そして生き方です。

「ほめ下手」だから水風呂をイメージする

誰かに注意を与えたり指導したいときなど、相手のいいところを先に探してそこを伝えてから、注意を与える、指導する。いきなり頭ごなしにダメ出しをすると「知覚的防御」というものが働いて、相手の心のコップが下を向いてしまう。そのあとの指導や注意を相手は聞いているようで、まったく頭に入っていません。

我々「ほめ達」協会では、同志社大学の太田肇教授との共同研究において「ほめる」と内発的モチベーションの変化についての実績をエビデンスとして持っています。

分かっているのです。何が正しいことなのか。「ほめ下手」の方も分かっている。ただ、頭で分かっていてもなかなかできない。先にいいところを探すということができない。

そこで、「ほめ下手」のあなたに、ある一つのイメージをプレゼントします。

あなたが気分転換のために「サウナ」に行きました。服を脱いで浴室へ。洗い場で体を洗ったあと、「温泉の入った浴槽」、「サウナ」、「キンキンに冷えた水風呂」、この三つのうち、最初にどこに入りますか。おそらくは温泉の入った浴槽、あるいはサウナということになるのではないでしょうか。いきなりキンキンに冷えた水風呂に入る人は、まずいない。なぜか、あまりに辛すぎるから。

いきなり叱る、注意を与えるというのは、体をあっためずにいきなり水風呂に入るようなもの。注意を与えたいときには、このキンキンに冷えた水風呂をイメージしましょう。まず温泉やサウナでこれ以上ないほどあったまると、水風呂も気持ちいいのです。叱りたいときには「キンキンに冷えた水風呂」をイメージ。もうちょっとあっためてあげてからの方がいいかな、もう大丈夫かなとイメージしてみてください。ただ、「ほめ達」は叱らない人ではありません。むしろ積極的に叱ることができるようになるのです。その具体的な方法については3章でくわしくお伝えいたします。

この「水風呂」をイメージして驚きの成果を手に入れたコーチがいます。

少年野球を指導しているコーチのお話です。そのコーチは熱血指導者でした。選手に上手になってもらいたいとついつい指導に熱が入る、入りすぎる。自分の野球人生の中でコーチや監督にほめられたこともない。だから、叱る、怒鳴る以外の指導をしたことがない。ただ、今はサッカーや少年バスケットに人気を奪われ野球をする子どもも少なくなっている。「ほめ下手」から脱出したい。どうすればいいのか？

　そのコーチは意を決して、「ほめ達」の講座に参加されました。たまたま私と個別でお話しする機会があり、自分の悩みをご相談されました。そのときに私は「水風呂」のお話をしたのです。そのコーチはたまたまサウナが大好きな方で、よりイメージしやすかったのか、いたく共感されました。そして指導に生かされたのです。

　ある選手を指導しているときです。その選手はバッティングのときに肘が下がりすぎるという悪い癖がありました。これまで何度も指導してきた「こら！　その肘！」と。ところがなかなか直らない。また指導しすぎると、拗ねるような態度になる。その選手に対しての指導の際、バッティング練習を見ていると、やっぱり肘が下がっている。「こら！　その肘！」と喉まで出かかった瞬間、キンキンに冷えた水風呂のイメージが頭に浮かんだそうです。

　そして、驚きの言葉が口から、そしてさらに驚きの結果も。口から出た言葉は「おっ！今日は肘、意識できてるね！」。その次の瞬間、その選手の肘がすっと上がって正しい位置に。嘘のような本当の話です。その後、そのコーチは選手の失敗に対してかける言葉も変えていかれました。失敗に対して「くぉおらー！」（こら！の最上級表現）から「ナイストライ!」に。

「ナイストライ!」いい言葉です。成長のためには、「ナイストライ!」いい挑戦をすることが必要。「ほめ下手」なあなたも、「ほめ達」に向けてナイストライ!していきましょう。

「ほめ下手」だからできなくていい

できなくて当たり前。これが下手ということです。「ほめ下手」なので完璧でなくていいのです。できないことに傷つかないでください。そして100回に1回、いや1000回に1回かもしれない上手くいったときの体験を大切にしてください。

私が大学時代にアメリカ人のアメフトコーチに教えられたことです。「1回でもできたことは、1000回だってできる!」。1回の成功体験を大切にせよという教え。私を支える言葉の一つでもあります。そして、このコーチが口を酸っぱくして言っていた言葉があります。「Perfect Practice Prevents Piss Poor Performance」＝「練習がすべてだ!」

「ほめ下手」だからできなくていいのです。失敗していいのです。練習すること。トレーニングすること、これがすべてです。結果を求めず、ただただ、トレーニング。最初から上手にできるのなら、トレーニングをする必要もないのです。難しく考えずに、やってみようと思ったところだけ、試しにやってみる。そして、最初は、上手くいかなくてもいい。また次のことをやってみる。この繰り返しが最高のトレーニングとなります。

そして、この本をここまで読み進められている、これだけでも十分なイメージトレーニングになっているのです。私の学生時代のコーチの言葉を借りると「Good Job!」です。

また、ついついトレーニングを怠ることもあるかもしれません。それでも大丈夫。三日坊主でも大丈夫です。思い出したときに再開すればいいのです。三日坊主でも10回続けると1ヶ月。それを3回重ねると3ヶ月で、習慣形成されていきます。大切なことは、三日坊主でもいいから思い出したときに罪悪感にとらわれず、ケロッとして再開です。このケロッと、しらっと再開が大切だと心に刻んでおいてください。

さらに習慣形成のためのヒントをお伝えします。何かに挑戦する際、その挑戦継続のためのヒントにもなります。

一つは宣言するということ。

私は「ほめ達」です。と宣言してしまう。私の場合は、「ほめ達」協会の理事長と名乗ってしまっていますので、間違っても人の悪口は言えません。また、ネガティブな言葉も発することはできません。まぁ、もともと人の悪口やネガティブなことを言うことは少なかったのですが、かつては嫌味の達人でしたから、その嫌味に関しては、かなりの抑止力が働いていると思います。ありがたいことです。

さらに継続のためにお勧めなのは、アウトプットする機会を持つということです。実際に「ほめる」ことに挑戦するというアウトプットだけではなく、自分の今現在の挑戦、トレーニングの様子をアウトプット。具体的には、自分の挑戦日記をウェブ上にあげる、ブログに書くということです。

ブログとはWeblogを縮めた表記。ブログとはウェブ上に公開された日記のことなのです。今日は、こんなことに挑戦しました。こんなトレーニングに挑戦してみました。とブログに公開していく。やがて読者ができてくると、その読者の存在が挑戦継続への動機付けとなります。このときも大切なのは、やはり、三日坊主を恐れないということです。

継続のための三つのヒント

そして、継続のためのヒントは三つ

「分解して」、「やれるところまで」、「やってみる」

ということです。

例えば、ブログを書くということに挑戦。できれば毎日書くことに挑戦したい。もうすでにブログのページを持っている人は、書き続けることに挑戦ということになりますね。

まだブログの始め方もわからないという人もいらっしゃるかもしれません。もし、パソコンをお持ちでないなら、その購入からスタートとなります。もうすでにパソコンならあるという方なら、パソコンを開き、ネットに接続し、ブラウザー（インターネットをするときに使うソフト）の検索窓に「ブログを始める」と打ち込めば、必要な情報手順がすべてそこに現れます。30分もあれば、ブログを始められる状況が完成します。

そして、ここからです。

ブログを書き続けるという挑戦、そのための「分解」と「やれるところまで」と「やってみる」。

ブログを書くためには、まずはパソコンを開かないといけません。そして、ネットに繋いで、ブログを書くページに移動して、キーボードを叩いて、文字を入力して、記事を書く。そしてその記事をアップする。このように作業工程をひとつひとつ抽出してみるのが「分解」です。そして、いきなり、記事を書く、アップする、というところまで考えるのではなく、まずはパソコンを開くところから始めるのです。書く記事の内容は、まったく頭に浮かんでなくてもいいので、まずはパソコンを開いてみる。開いたら、ネットに繋いでブログのページへ。

記事を書くページに移動したら、ここからが大切。とりあえずキーボードを叩くのです。なんでもいいから文字を打ってみるのです。鉛筆やペンと違って、キーボードで打ち込んだ文字は、すぐにきれいに消すことができます。どんな文字や言葉、意味不明なものでもいいから、カタカタ指を動かしてキーボードを叩いてみる。ここまでなら、できますよね。ここまでを、まずやってみるのです。そして、どうしても書く内容が思い浮かばなければ、その通り書けばいいのです。「今、キーボードを目の前にして、いろんな思いを打ち込んでみましたが、どうしても考えがまとまりません。これは何のチャンスでしょうか。もう10分以上もこんなことをしています。私の人生の10分間、このようなことに使ってしまった。それでもなお、がんばった自分を今日はほめてあげたいと思います。以上」。あら不思議、ウェブログの記事が一つ完成です。

私は、このようなやり方でもう6年以上毎日ブログを更新し続けています。

最初は、上手く書けなくていいのです。トレーニングとして続けていると、１００回に1回ほどは、我ながら今日のブログはいい内容が書けたなという日もでてきます。

「分解して」「やれるところまで」「やってみる」。

ぜひ、やってみてください。最初から上手くいかなくていいですよ。トレーニングだと思って、ぜひ。

第3章

心にもないことは言わない「ほめ達」への道

それって「ホメハラ」です！

ここから先は、いよいよ「ほめ下手」を脱出して「ほめる」達人、「ほめ達」の領域に挑戦です。

その前に、「ホメハラ」ってご存知ですか。世の中には、様々なハラスメントがあります。ハラスメントとは、「嫌がらせ」や「いじめ」を意味する言葉です。「パワハラ」「セクハラ」などが代表例ですが、一説では50以上のハラスメントがあるそうです。そして「ホメハラ」とは「ほめるハラスメント」の略。ほめられて、なんとなく嫌な感じになること。「ほめ殺し」も「ホメハラ」の一種に分類されます。

この「ホメハラ」、実は、私が考案しました。正しいほめ方を知らないと、相手に嫌な思いをさせてしまうこともある。だから正しいほめ方を理解して実践しましょう、という提唱の意味が込められています。

「ほめる」は人のためならず。自分のためにするのが「ほめる」こと。
「ほめる」ことで自分の心が整い、周りとの関係性が変わる。

「ほめる」ことは自己完結です。

これが「ほめ達」の基本的な考え方です。

このことに間違いはないのですが、ほめ言葉を受け取った人が嫌な思いをしないことも大切。ホメハラにならないほめ方を知り、実践していくことも重要なのです。

「ほめる」と「おべんちゃら」の違いは

それではホメハラにならないために、どうすればいいのか。

「ほめる」と「おべんちゃら」、そして「社交辞令」について考えてみたいと思います。

先日、ある雑誌で「ほめる」と「社交辞令」の違いについて取材を受けました。確かに社交辞令として相手の表面上をほめることもあるかもしれない。

私は、社交辞令は、決して悪いものではないと思います。社会のお付き合いの中で潤滑油の役割をする。

社交辞令とは、私はあなたの敵ではないと伝えるもの。上手に適切な距離感を保つための手段。

上手に相手とすれ違うための道具なのかもしれません。すれ違う社交辞令の代表例は、「また今度飲みに行きましょう」。この「また今度」と「お化け」には、出会った試しがないと言った人がいましたが、言い得て妙ですね。

一方で「ほめる」ことは、相手に自分の好意や関心を伝えることでもあります。「ほめる」ためには観察することが必要です。相手に関心や好意がないと観察はできません。「ほめる」とは相手に関心を寄せ、観察し、好意を届けること。相手との心の距離を縮めるものです。

それでは「おべんちゃら」とはどう違うのか。おべんちゃらとは口先だけの言葉という意味ですが、「ほめる」と「おべんちゃら」の決定的な違いがあります。その違いを理解することが、正しいほめ方を理解することにつながり、ホメハラになることを防いでくれます。

逆に言うと、正しいほめ方を理解することで、おべんちゃらになることを恐れず安心して、全力でほめることができるようになります。そして、正しいほめ方とは、相手の心に届くほめ方でもあります。

せっかくのほめ言葉なら、少しでも相手の心に届く方がいいですよね。簡単なことばかりなので、ぜひ知っておいてください。知っているかどうかで、効果が大違いです。

正しいほめ方基本ポイント

① 事実が入っている

② 誰かへの貢献を伝える

さらに

③ 第三者の声を使う（オプション）

④ 主観でほめ切る（必須・マスト）

「ほめる」と「おべんちゃら」の違いの一つが、「事実が入っているかどうか」です。

・（「ほめ達」）
「〇〇さんって、いつも朝、元気よく挨拶してくれるよね」
（相手の心）確かに自分は、朝、この人に挨拶した。その事実は間違いない。

・（「ほめ達」）
「あの挨拶で、朝から今日も1日がんばろう！という気持ちになるんだよね。ありが

とう！」

（相手の心）自分は、そんなつもりで挨拶しているわけではないけど、役に立っている
のなら良かった。うれしい！

ここまでが基本中の基本です。もし、ここで相手が、あなたのほめ言葉の受け取りを拒むような場合、さらにオプションと必須項目があります。

相手「いや、たまたまですよ」

（「ほめ達」）

「私だけでなく課長も言っていたよ、○○さんの挨拶って気持ちいいって」

第三者の声まで使えれば、さらに説得力が増します。ぜひ第三者の声も使えるように普段から材料を集めておいてください。

もし、それでもなお手強くて、相手が否定するときはこうです。

相手「私なんて……まだまだです」

(「ほめ達」)

「いや、少なくとも私はそう思うな、○○さんの挨拶って人に元気を与えるって」

「私もそんな挨拶ができるようになろうと、○○さんの挨拶を見習ってるんだ」

ここでのポイントは、「少なくとも私はそう思う」「私はそう思っている」と主観でほめ切っているところです。相手はあなたの主観を否定することはできません。主観でほめ切る。これが大きなポイントです。ですから、主観でほめ切れないことは言ってはいけないということです。

心にもないことは、ほめてはいけない。心にないことをほめること、これがおべんちゃらなのです。

正しいほめ方のポイント

①「事実」

②「その事実が貢献しているところ」
③「第三者の声」
④「心からいいと思う主観」

これらのポイントを意識してみてください。

「ほめる」の反対は

さらに「ほめ達」を実践していく上で知っておいてほしいこと。

これからお伝えしていく内容は、ほめられない理由を排除していくことでもあります。

人はついつい、「ほめる」の反対をしてしまう。そのためにほめられなくなってしまう。

「ほめる」の反対は、「人と比べる」ことです。優秀な人や、理想の姿と比べて、相手のできていない様子や、足りないところに意識を向けてしまう。他人と比べてしまうと、ほめることが難しくなります。

「人と比べない」

比べるべきは、他の人とではなく、その人の過去の姿との違い。他人と比べるのではなく、その人の過去の姿と比較して、少しでもそこにプラスの変化があれば、そこに光を当てて、言葉にして届けてあげるのです。

さらに、**「ほめ惜しみをしない」**

ということも大切です。

ほめ惜しみとは、ほめてあげられる状況でほめないこと。例えば、これまで三度の失敗で組織に迷惑をかけてきた人がいたとします。今回、成功して組織に貢献した。トータルで考えると、マイナス3にプラス1。まだまだ総計マイナスなので、ほめないでおこう。これがほめ惜しみです。ほめ惜しみをしてしまうと、ほめることが永遠にできなくなります。

ほめ惜しみをしない。ほめるタイミングは、今ここ、この瞬間です。

そして、**「たまたまをほめる」**。

「たまたまこそ！　ほめる」と言い換えた方がいいかもしれません。相手が「たまたま」できたときこそ、ほめるのです。いつも書類の提出期限がギリギリの人が、珍しく早めに提出してきた。集合時間ギリギリか、少し遅れてくることが多い人が集合時間前に現れた。そんなときに、相手にどんな声をかけますか。「おっ、珍しいね」「雪でも降るんじゃないか」なんて言葉をかけたりしていませんか。「ほめ達」は、そんなときに、「おっ、意識できてきたね」「おっ、さすが！」と声をかけます。「たまたま」をほめていると、不思議なぐらい「たまたま」の頻度が上がってくるのです。

人は、相手の失敗に対して「いつも」とつけてしまい、上手くいったことに対して「珍しい」と表現してしまうものです。「君は、いつもここ失敗するよね」「今回は、珍しく上手くいったよね」という風に。

ぜひ「ほめ達」を目指すあなたは、これを逆にしてください。「どうしたの、珍しいね、君がこんな失敗するなんて」「いつもながら、素晴らしいね」と、失敗やミスに対して、「珍しい」と表現し、成功に対して、「いつも」と添えて伝える。これが意識できるようになると、かなりの「ほめ達」です。

できたからほめるのではないほめるからできるようになる

ここに仕事のスピードが遅いとレッテルを貼られた人がいるとします。実際に仕事のスピードが遅い人です。仕事のスピードには個人差があります。１００点満点のスピードで仕事をする人もいれば、90点の人も80点の人もいる。本当は80のスピードが求められる職場において、片目をつむって70点までは許容ラインだとします。そんな中、60のスピードしか出せない人、それが仕事の遅い人です。

もし、そんな人が職場にいるならば、あなたはラッキーです。その人は「ほめ達」を実践するあなたにとって最高の財産となります。仕事の遅い人が60から63になったとき、そのときに、比べず、ほめ惜しみをせず、その3の変化をほめるのです。「おお、早くなったね」と。いやいや、本来は80は欲しい、70が及第点、それなのに63では、まだまだほめられないとなると、ほめることができなくなります。この小さな3の変化に気づき認めることが大切です。

あるいは、スピードは変わらず60のままなのですが、今回は少しでもスピードアップしようと意識したなと、少しでも意識の変化を見つけられたら、その意識をほめてあげてください。「今回はスピード意識できてるね」と。すると、不思議なくらい、その人のスピードが上がり始めます。「ほめ達」を実践した人が必ず口にする言葉があります。実践しないと絶対に言えない言葉です。それは、

「できたからほめるのではない。ほめるからできるようになる」

70点を超えたからほめるのではない、60から63になった、この3点をほめるから、70点を超えてくるようになるのだ、ということです。

比べず、ほめ惜しみせず、たまたまかもしれない小さな変化をほめて支える、これが「ほめ達」です。

「誰よりも失敗してきた」も立派な評価軸

「ほめ達」とは物事を多面的にみて評価できる人です。「ほめ達」として力を発揮していくには、常に怠らず、新しい評価軸の仕入れを続けていくことが大切です。評価をす

る軸、物の見方を変えることで一気に新しい価値を見つけられることがあるのです。

例えば、「仕事が早い」という評価軸がある一方で、「仕事が丁寧」「ミスがない」という評価軸もあります。「早くて、丁寧で、ミスがない」これが最高ですが、なかなか完璧な人間はいないものです。また完璧な状態を求め続けると、自分も周りも辛くなってしまいます。完璧にはなれないが、完璧を目指し続けることはできるぐらいに考えておくのがいいのではないでしょうか。

完璧を目指しながら、今ある価値に目を向ける。そこを引き出し、伸ばしていく、これもまた「ほめ達」なのです。

結果はまだ出ていないけれど「がんばっている」「挑戦している」。これも評価すべき評価軸。まだまだ及第点には届いていないけれど「成長している」、そこに目を向ける。

あなたは、いくつぐらいの評価軸をお持ちですか。脳をサボらせなければ、評価軸はいくらでも見つかります。たとえば、「誰よりも失敗をしてきた」、これも立派な評価軸になるのです。失敗をしたということは挑戦したということ。誰よりも多くの挑戦をした、素晴らしい！

実際に毎年、「大失敗賞」という賞を作って社員表彰している企業があります。大阪府堺市にある太陽パーツという会社です。幹部社員は、ほぼこの「大失敗賞」の受賞者だそうです。第一回の受賞者は、会社に5000万円の損失を与えた社員。その後、その社員は上海工場の立ち上げを成功させ、会社の売り上げは5倍にまで伸びたそうです。大失敗賞の副賞は2万。大損害を与えた社員に2万円出して表彰。その表彰以降、失敗で暗くなっていた会社の雰囲気が一気に明るくなったとか。「大失敗賞」を発案し、実施された社長、まさに「ほめ達」です。

ちなみに社長自身も工場の設備投資の失敗で「大失敗賞」を受賞されているそうです。

何気ない言葉こそ最強

「ほめ達」検定1級には、面接試験があります。「ほめ達」の創設者、理事長である私が面接担当者です。毎回、全員にいくつかの同じ質問をさせていただきます。その質問の一つが、

「あなたがこれまで生きてこられた中で、周りの人からもらった言葉、ほめ言葉、うれしかった言葉がたくさんあると思います。それらの中で、もっともうれしかった言葉

を教えていただけますか？」

印象に残っている言葉。この質問に対する答えは、人によって様々です。「あなたで良かった」「あなたが居たから」「勇気をもらえた」「あなたのおかげで」「その笑顔に癒される」「がんばり屋さんだね」「ありがとう」

中には言葉を思い出しながら、涙ぐまれる人もいます。

あなたは、こんな質問をされるとどんな言葉を思い出しますか。そして、その言葉をどのような状況で受け取ったのでしょうか。そのときのシーンを思い出してみてください。

この質問に対して、回答される言葉たち。これまでもらった言葉、ほめ言葉の中でもっともうれしかった言葉。これらの言葉には、一つの共通点があります。それは、その言葉は、いずれも何気ない言葉だということです。

聞く人をコントロールしようとは思わない、心からの言葉、本心からの言葉。本心である、心からの言葉であると感じるから、受け取る人の心に深く残るのでしょう。

私も何気なくかけられてとてもうれしかった言葉があります。

バーのマスター（古くからの友人）からもらった「西村には、人に夢を見させる力がある」という言葉です。私は彼のバーで飲んでいるとき、周囲の人たちと話をする中で、何か新しいことに挑戦している人、あるいは挑戦しようとしている人に対し、「○○さんだったら絶対にできますよ！」とか「それ、めっちゃいいと思うな」「そういうのが世の中にいっぱい増えたらいいですよね」といった言葉をいつも発していたそうです。

まったく自覚症状はないのですが、私のそういう姿を見て、彼は私にこの言葉をくれました。私がまだ「ほめ達」になるずっと前にもらったこの言葉、何気ないこの言葉が私を「ほめ達」に導いてくれたのかもしれません。彼には心から感謝しています。

理想のほめ言葉とは

ここで私が考える、理想のほめ言葉についてお伝えいたします。

もう20数年前のことです。社会人になって会社勤め、サラリーマン新人時代に会社の仲間数名と長野県八ヶ岳にあるロッジに旅行に行ったことがありました。夜、食事が終わり、酒を飲んでいい感じ、騒ぎ疲れて誰ともなく、「星、見に行こうか」という話になりました。ロッジから出ると、周りにまったく人工物はなく、真っ暗闇。ロッジの明かりだけが周りの森の様子を照らしています。懐中電灯を持って足元を照らしながら、ロッジの明かりも届かない場所へ移動。足元以外、懐中電灯の明かりが届かないところは、まさに鼻をつまれてもわからない状態でした。文字通り、鼻をつまれてもわからないとはこのことを言うのだと笑いそうになりました。その懐中電灯も消して、顔を上げ、空を見た瞬間、そこには、まさに満天の星空が広がっていました。

「うわぁー」

この「うわぁー」が私が考える理想のほめ言葉です。この「うわぁー」には、一切の意図は入っていません。相手に対するコントロールなどもちろんありません。「うわぁー」って言うから、星よ、もっと輝け！　などとは考えていないのです。心の底からの感嘆の気持ち、それが発露した言葉。これこそが私が考える理想のほめ言葉です。

「ほめ達」になって、私はさらにこう考えるようにもなりました。それは、私の経験から得た、一つの気づきに由来しています。

雨の日の夜、透明のビニール傘を差していて、何気なく顔を上げ傘を見たとき、透明の傘の向こうに星が見えたのです。えっ、雨なのに星空？　そう、雨雲の切れ間から空が見え、そこに星が輝いていたのです。雨の日でも星はあるんだ。不思議な感覚です。よく考えてみたら当たり前、雨雲の上に星はしっかり存在し、輝き続けている。

そう気づいた瞬間、こんな考えが頭に浮かびました。

感動するような星が出ているのは、八ヶ岳のあの場所だけだろうか、あの環境でしか感動する星空は存在しないのだろうか。いやそんなことはない。東京の空にも、大阪にも日本中、世界中の空に星はある。

さらに言うと、昼間も星は出ている。太陽の光が強すぎて、星を見つけることができないだけで、星はそこに存在している。

その輝きに気づけない、何かが邪魔をすることで、感動の「うわぁー」に出会えていないのではないだろうか。

当たり前というベールに覆われてしまっていて見つけられない価値が、本当はいっぱいあるのではないだろうか。

昼間の星、雨の中の星の存在に意識を向け、その美しさを想像できる人、そんな人になりたい。私は、そう願うのです。あなたも、「ほめ達」の心の目で満点の星空を見つけてみませんか。

心の距離を縮める方法

具体的な内容に話を戻して、こんなことが「ほめる」になるのか、その続きです。簡単にできて、効果絶大。これは人間関係作りの達人が無意識で行っていることでもあります。この人とまだ心の距離があるな、というときにこの心の距離をぎゅっと縮めることもできます。それは、**「頼みごとをして感謝を伝える」**というもの。相手の負担にならない小さな頼みごとをして、心からの感謝を伝えるということです。


「悪いけど、これ一緒に手伝ってくれないかな」

「ありがとう。急いでたので、すごく助かった！　ありがとう！」

「○○さんって美味しいお店たくさん知っているよね、イタリアンでお薦めのお店教えてくれない？」

「ありがとう！　教えてもらったお店、すごく美味しかった！」

自分が誰かの役に立ったという貢献の実感は、相手にとって心の癒しを得ることになるのです。

ボランティアに行って、ボランティア先ですごく喜んでもらえた。このとき、誰の心が癒されるのか。ボランティアに行った人の心が癒されるのです。体は疲れるのだけれど、心は晴れ晴れです。相手にしてあげることだけが、相手に与えることではなく、相手に上手に助けてもらうことで、相手に心の癒しを与えることもできる。

小さな頼みごとをして、心からの感謝を伝える。

これもまた上手なほめ方の一つです。ぜひ実践してみてください。

ここで、私から皆さんへの頼みごとです。この本、ちょっとでもいいなと思われたら、良かったポイントを添えて、周りの大切な人にお薦めしてあげてください。きっと喜ばれると思います。

少なくとも、私はすごく喜びます。ありがとうございます。

感謝！

在り難い！　……本当の意味は、It's a miracle!

第4章

私が「ほめ達」になれた理由

コンプレックスこそ魅力の源泉

私には、死ぬよりも辛いことがあります。それは、自分がひとりぼっちだと感じること。

自分のことを気にしてくれる人や、自分を信じてくれる人がひとりもいない、そんな状況になってしまうことが何よりも怖いのです。そうならないためならどんな努力だってできます。いや、無意識にそうならないようにがんばり続けてしまいます。

また、すべての人が多少なりとも持っている承認欲求。私の場合は特に強いようです。その理由を30歳を過ぎたころに見つけました。自分の過去の出来事、自分の中で封印していた記憶が蘇ったのです。

私が小学4年生のときのことです。生徒会長、副会長を決める選挙があり、私は4年生ながら「副会長」に立候補しました。

通常、生徒会長は6年生が、副会長は5・6年生が務めるものですが、後期は4年生も立候補していいことになっていました。私がいた小学校は当時で100年以上の歴史のある古い小学校で、その長い歴史の中でも4年生が副会長に当選したことはない。当時の私には根拠のない自信があり『今まで誰も当選していないのなら、僕がするんやな』と立候補したのです。

選挙期間中は休み時間などに各立候補者とそれを支援する仲間たちが、隊列を組んで「○○ちゃんに一票お願いします!」「○○くんをよろしくお願いします。」と校内を練り歩いたり、あるいは掲示板に選挙ポスターを貼ったりと、活動していました。

当時の私は何かをするときに「準備」をしたり、「用意」をしたりするのがとても苦手でした。何事にも「根拠のない自信」があったため、そのときのフィーリングでやれば大抵のことはうまくいくと考えていたのです。また、努力することは「格好悪い」とも思っていました。

そんな考え方で当時の私は生きていましたから、全校生徒の前で選挙演説する際も、原稿などは用意していません。私の中には「自分の演説によって全校生徒が感動し、投票してもらえて当選」というイメージだけがありました。

「ぶっち切りで副会長に当選」。私の頭にあるのはそれだけです。選挙の当日、自分の演説の番が近くなり、舞台袖で待機していた私は『一応、こんなことをしゃべろう』と簡単な筋書きを頭の中に描きました。

ところが、です。私の前に演説していた5年生の先輩が、私が話そうと思っていたことをすべて話してしまったのです。『あ、僕が喋ろうと思ってたこと、まったく同じことを全部喋られちゃった！』。これで私はパニックとなり、頭が真っ白になってしまいました。

「次は4年生の西村貴好君です」。名前を呼ばれ、舞台中央に行き、マイクの前に立っても何も言葉が出てきません。私が唯一、話すことができた言葉、それは、

「僕が副会長になってやろうと思っていることは、前の人と一緒です」

だけでした。

選挙の結果は当然落選です。私は、悔しくて友人たちに「俺に投票してくれた？」と聞いて回りました。友人たちは、口を揃えて「入れたよ！　当たり前やん」。

その翌日、登校すると校内がなんとなくざわついています。「何だろう？」と思い、そのざわつきの元をたどっていくと3年生のあるクラスに行き当たりました。みんながぞろぞろとその教室に入って、何かを確認しては出ていきます。

そのクラスの壁には、学校の先生たちしか知らないはずの「選挙結果の票数」が貼り出されていたのです（そのクラスの担任はちょっと変わった先生として校内でも有名で、なぜ「選挙の票数」を貼り出すにいたったのか、今でもその経緯は分かりません）。

貼り出された紙には、会長、副会長に立候補したそれぞれの生徒の得票数が書かれていました。そして、そこにこうありました。

「西村貴好　1票」

私は自分自身に1票入れていますから、実質0票です。

「入れたよ！　当たり前やん」と言っていた友人たちも全員、私に嘘をついていた。友人だと思っていた仲間たちからの投票はまったくなかったのです。

『自分には仲間がひとりもいない……』

友人だと思っていた仲間に見放され、同情票すら集まらない自分は何なのか？

『ひとりぼっちって、死ぬより辛いことやな』

この選挙を境に『今の対応でいいのか？』『このままだと、また一票やで』と私の頭の中にささやく声が現れました。そして、『相手によく思われたい』という気持ちが大きくなりすぎ、「相手の心をコントロールしたい」という考え方に囚われるようになっていったのです。

一目置かれないといけない。そのためには勉強ができないといけない。また、なめられないために、体も鍛えないといけない。中学に入ってからは、部活に所属、バスケットボール部でキャプテンも務めるようになりました。高校、大学時代は、ルールある喧嘩ができるアメリカンフットボール部に。そこでも一目置かれるために必死でがんばりました。

社会人では不動産会社の住宅営業、新人の営業記録を作れたのも、頭の中のささやきのおかげ。常に、「悪魔のように計画し、天使のように実行する」ということをしていたからです。

実は、この頃には、選挙の「一票事件」のことは忘れていました。きっと無意識のうちに潜在意識が辛すぎる過去に蓋をして、記憶にのぼらないようにしていたのでしょう。ただ、自分は不器用なので人の3倍準備して、時間をかけないと人並みの結果が出せない人間だと、それだけを意識していました。そして結果を出すこと、自分の能力を証明することに異常に執着していました。

勤めていた会社から家業に戻り、不動産業、ホテル運営の現場に立ったときもそうでした。とにかく結果を出さないといけない。経営者として、結果を出せなければ即退場、存在価値がない。経営者にとって、負けは死を意味する。常に一番でなければいけない。結果を出すために、出し続けるために、社会人になってから猛烈に勉強するようになりました。仕事に関係のある本はすべて読む、それぐらいの勢いでした。サラリーマン時代は営業の仕事だったので、営業に関する本を中心に1年間にビジネス書を120冊。家業に戻ってからは、マーケティングと顧客満足に関する本は、書店で目にするものすべて購入、読破しました。

さらにホテルの現場では、スタッフの離職にいつも悩まされていたので、人心掌握のための本も読み込みました。すべては、人を動かし、コントロールして結果を出すためです。

セミナーや勉強会にも積極的に参加し、今から考えると自己啓発マニアだった時期もあります。学べば学ぶほど、結果は出てくるのですが、何かが足りない。結果は出るのだけれど、底知れない不安が常にある。家業が最も順調な頃、毎晩のように見ていた夢があります。自転車に乗っているのですが、自分が運転しているその自転車、サドルとハンドルの高さが、電線より高いところにあるのです。こぎ続けないと、少しでもスピードが緩まると自転車が倒れる。乗っている自分も真っ逆さま。こぎ続けるその足元、そのはるか下、タイヤの先に障害物が現れる、避けないといけない。目の前には電線がせまっている。止まりたい。止まれない！　ぶつかる！　落ちる！　そこで目がさめる。乗っているのが自転車ではなく、竹馬のときもありました。やはり、10m以上の高さに自分がいます。目覚めたときには汗ぐっしょり。

さらに安心を得たくて、学ぶ。今度は心についての勉強です。心理学やNLP（神経言語プログラミング）、コーチング、TA交流分析など。面白かったです、最初のうちは。

途中からは、学べば学ぶほど人の気持ちが見えすぎて、怖くなりました。さらに不安が募り、夜、眠れない経営者になりました。そんなときに浮かんだ一つの言葉、眠れない夜が続いたときに浮かんだ一つの言葉が、私を救ってくれました。それは「これは、何のチャンスだろう？」という自分自身に対する質問です。

ピンチはチャンスという言葉がありますが、これとは少し違って、明確に質問の形で自分に投げかける。

「これは、何のチャンスだろう？」

すぐに答えは出なくても、脳は質問された通りの答えを考え、探し続けます。この質問を自分に投げかけて、気がつけば目覚めていました。眠れていたのです。

この日から私の学びは、人をコントロールするためのものでなく、自分の心を守るためのものに変わっていきました。

結果を出しながら安心を得る方法を探しました。その一つが、自分の弱さを認め、助けてもらうという強さを身につけることです。

ダメ出しの達人だった

ほんの少しだけ、時間を巻き戻します。結果を出すことにこだわっていた私は、ダメ出しの達人でした。私は商売人の三代目でもあります。厳しかった祖父に徹底的に鍛えられました。普通の人が一つ気づくところで、十も二十も気づく感性を常に求められました。「結果の出ない努力は、努力とは言わん！」が祖父の口癖。現状不満足こそがトップの役割、常に怒りに近い感情を持って現場を見ることが私の経営者としてのスタンスでした。

祖父が亡くなったあと、経営者タイプではなかった父は、すぐに私に経営を任せました。結果を出し続ける闘争心を見込んでくれたのでしょう。さらに張り切り、結果を出し続けました。

そして、本業とは別に、自分の能力を活かす事業を2005年に第二創業します。ダメ出しの能力を活かす事業です。

それは、覆面調査会社。覆面調査会社はミステリーショッパーとも言いますが、飲食店やサービス業、セールスのお仕事など、経営者からの依頼を受けて、お店、現場のスタッフが実際にどんな接客やサービスを行っているかを調査する仕事です。

調査員が、その立場を隠して、お客様のふりをしてお店に訪れ、接客を受けてその内容を報告するというもの。普通はダメ出しをします。その方が相手のためになると思われているからです。

覆面調査会社を立ち上げ、最初に依頼があったのはパチンコ屋さん、その次が車のディーラーでした。当時は私も「覆面調査会社はその会社のダメなところを徹底的に洗い出し、それを先方に指摘すればいい」と思っていましたから、報告書の内容もダメ出しのオンパレードでした。

「相手に挨拶が聞こえていなければ、それは挨拶してないのと一緒である」

「どんな高級ワインであっても、1滴でも泥水が入ればそれは全部泥水だ」

「敵を一生懸命作っているような接客をしている」

「このような殿様商売を続けていたら店は廃れる一方である」

こんな具合に報告書には徹底的にダメ出しがきつい表現で並んでいました。依頼した側の経営者が聞けば、辛いことばかりです。私はそれが正義だと思い、一生懸命アラ探しをし、ダメ出しを行いました。すると報告の内容があまりにも衝撃的すぎたのか、次から依頼がこなくなる企業が続出し始めました。今から考えると当たり前ですよね。

思うように結果が出ないことに『このままでは自分自身がダメになってしまう』と思うようにもなりました。

そこで先述したように私は自分を内省するようになり、「人をコントロールしようと思うほうが間違っているのではないか」ということに気づいたのです。

「ほめ達」の原点は「ほめる覆面調査」

ダメ出しだけでは企業もリピーターとなってくれないことに気づき、私は「それなら逆を行ってみるか」と「できていて当たり前」の中からもいいところを探し、「○○さんのこういうところがとてもよかったですよ」と具体的な事例をスタッフの名前付きで報告することにしました。この「ほめる覆面調査」こそが「ほめ達」の原点なのです。

大阪市内にある焼き鳥チェーンの覆面調査をしたときのことです。

調査員から報告書が上がってきたのですが、その内容がなかなか厳しいものでした。そのお店は焼き鳥店としては大きめのキャパシティがあり、60~70名は収容可能な大きさでしたが、17時のオープンから20時くらいまでは店内にお客さんはまばらです。その時間帯がどうなっているのか調査してほしいとのこと。

調査員からの報告書には、スタッフの人数はそこそこいるのに、あまりフロア内を見て回ることもせず、たまに奥のほうからスタッフたちの笑い声がゲラゲラと響いてくるなど、改善の指摘がいっぱい。正直、ほめるところを探すのが難しいお店でした。

そんな中、あるひとりの調査員の報告書に、ひとりのアルバイトスタッフのがんばっている様子が報告されていました。彼女は、人の見ていないようなところで、客の帰った後のテーブルを一生懸命拭いたり、テーブルの下を見て「忘れ物なし。OKです」「あ、忘れ物、傘です！」とレジまで走っていったり、とっても丁寧に、そして一生懸命に仕事をしています。

「ほめる覆面調査」に挑戦しようと考えていた私は、このアルバイトスタッフ（ここではAちゃんとします）のがんばっている様子を中心とした報告書を作り、改善点はいくつかあるけれども、このような丁寧な仕事をするスタッフのいるお店の将来が楽しみですと総括しました。

すると後日、その報告書を目にした店長がAちゃんを呼び「お前の仕事の丁寧さをこのお店の基準にしたい。だからミスが多くてもいい。失敗してもいい。この仕事の丁寧さだけは失わないでほしい」と告げたそうです。

実はこのAちゃん、仕事ぶりは丁寧なのですが、仕事が遅い。店内が満席となり忙しくなってくるとミスを連発するアルバイトだったのです。仕事の覚えも悪く、周囲からは「ダメバイト」のレッテルを貼られるような女の子でした。

店長からそのように伝えられたAちゃんはその後、ちょっとずつ、ちょっとずつ仕事が早くなってきました。ミスも減ってきました。仕事は丁寧なままで、スピードを上げ、ミスを減らしていったのです。

人一倍、仕事覚えに苦労して、様々な失敗を繰り返してきたAちゃんです。新しく入ってきたバイトの子たちにも「分かるわかる。これって覚えにくいよね。こうやって覚えるんだよ」とか「これってミスしやすいよね。こうやったら上手くいくよ」と分かりやすいアドバイスをするようになり、新人バイトの教育にも力を発揮してくれるスタッフへと成長していきました。

そして報告書の提出から3ヶ月後、Aちゃんは系列7店舗130人（当時）のアルバイトスタッフの中で「最優秀アルバイト」に選ばれ、表彰されました。さらに半年後には、お店の売り上げは161％になりました。ひとりのアルバイトのがんばりを店長が評価したことが店のスタッフ全体に良い影響を与え、それが業績アップという形となって表れたのです。

これまで人を辞めさせてきたのは、自分たちのマイナスの思い込みなのだ、人は今できているところをしっかりと認めて、信じてあげることで驚くほど成長するのだと、この調査で思い知りました。

そこから私は「人はなぜほめられると成長するのか?」というその理由や理論的根拠を脳科学学や心理学の勉強をしながら追求しました。

「ほめ達」が生まれたきっかけは、この焼き鳥店での強烈な経験でした。結果として「ほめることには効力がある」ということが分かりました。結果が出てから理論を後付けしたようなものです。

私が好きな言葉に、「航空力学は後付けだ」というものがあります。鳥が飛んでいるから、飛んだ人がいるから、理論が後からついてくる。翼状のものに風を強く当てることで、揚力が発生する、この理論は後から付けられたものだそうです。ちなみにスズメバチは、理論上は飛べないはずだそう。しかし、飛んでしまっていますよね。

私が「ほめ達」の理論にたどり着いた経緯、それは鳥が航空力学を学んだようなものです。鳥が航空力学を学ぶことで、より遠くへ、より早く飛べるようになる。飛べなかった人も飛べるようになる。まさに、この本でお伝えしている内容がそれです。

飛べなかった鳥、「ほめ下手」が飛べるように理論を伝え、飛ぶためのトレーニング、実践法をお伝えする。

このように「ほめる」効果と実践法を理論的にまとめ、どなたでもご家庭や職場、学校など身近な人間関係の中ですぐに使えるようにしたのが「ほめ達」なのです。

第5章

光を持って生きる

誉める人は、褒める人

第2章で「誉める」という漢字の語源をお伝えしました。「ほめる」とは光を届けること、光がなければダイヤモンドも石ころと同じ。誰もその存在や価値に気づけない。そして、光に対して闇がある。その闇の中で最も恐ろしい闇、心の闇とは何かというと「当たり前」。当たり前のことにこそ価値を感じ、その価値を感謝とともに伝えられる人、これが「ほめ達」です。

現代は、明るいニュースが少ない時代、なんとなく世の中が暗く感じられるそんな時代ではないでしょうか。そんな環境の中で、周囲の心を明るく照らす「ほめ達」の言葉や考え方は、周りの人に対して大きな影響力を持つようになります。多くの人にとって、暗闇の中に灯される、「ほめ達」の存在はとても明るく、温かく、そしてありがたいのです。そこに人は集まってきます。人は本能的に暗闇が怖い生き物だからです。

暗闇の中に灯されたろうそくの明かり、すなわち「ほめ達」の言葉や表情、考え方はとても目立つ、人々にとって、灯台のような役割も果たします。自ら望むと望まざるとにかかわらず、リーダー的な役割を果たす場面が増えてきます。

リーダーとは光を届ける人。暗闇の中に大きな松明を掲げ、周りに光を届ける人です。

そして、「誉める」人は「褒める」人でもあります。もう一つの「ほめる」という漢字「褒」、分解すると「衣」のあいだを「保」と書きます。これは、語源的には、もともと衣類というのは非常に高価なもので、この高価な衣類を大事にした人はほめられた、というのがルーツだそうです。

そこからさらに転じて、褒めるの意味を「衣の間、人としての中身を保ちましょう」と解釈することもできます。つまり、誰が褒めるのか、が大事。こちらが一生懸命に褒めているのに、相手に心の中で『この人にほめられてもうれしくない』と思われてしまったら終わりですから。

たとえ叱られたとしても、心から尊敬する人、あるいは自分のことをよく知ってくれている人からの言葉だったとしたら、叱られながら、注意を受けながら、『この人は私のことをちゃんと見てくれている、ありがたいなぁ』とうれしく泣けることもあるかもしれない。

人間力を高めることが大切だということです。そして、当たり前のことに対して意識を向けて価値を伝える「誉める」人は、人としても非常に魅力的、一手間多い愛ある人です。まさに第1章でお伝えした人としての器量が大きい人なのです。

ここまで読み進められたあなたの心の器量は、すでに数段大きくなっているはず、ここからはその心の器量を使って多くの人を幸せへと運ぶ方法をお伝えしていきます。

ダメ出しは本能

「ほめ下手」を脱出し、ほめずにほめる「ほめ達」の極意にも挑戦して、「ほめ達」へ確実に成長されているあなたに、さらに人としての器量を高めていただける考え方と実践法をお伝えいたします。

まず知っておいていただきたいのは「ダメ出しは本能」であるということです。

人は緊張したり、興奮すると手のひらや足の裏に汗をかく。これは私たち人間が動物から進化する過程で残された本能なのです。自分にとって危険なものが襲ってきたときに、地面の土をしっかりと蹴って早く逃げられるように。木に登って逃げないといけないときに、枝をしっかりと握れるように。また棍棒を握って戦わないといけない場面で、その棍棒を握って最大限の力を出せるように、手のひらや足の裏に汗を分泌する。同様に、私たちは、この身を守る本能において、自分の周りの人の欠点やできていないところを無意識に探してしまうのです。

人の嫌なところばかり探してしまう、ダメ出しばかりしてしまう、不安材料ばかり探してしまう。これは、本能がさせること、仕方がないこと、また必要な本能でもあるのです。危険を避けたり、ミスを防いだりするために必要な本能。このダメ出しの本能を否定するのではなく、ダメ出しの本能もしっかりと認めた上で、それでもなお、現代における本当の天敵とは何かを考えるのです。

現代の天敵とは、私たちの心や体に影響を及ぼす言葉にできない『なんとも言えない不安』ではないでしょうか。ニュースやネットを開いたときに目に飛び込んでくる情報やニュースのほとんどは、私たちをなんとも言えない不安な気持ちにさせる内容のものばかりです。

このマイナスのニュースや情報から私たちの心を守ってくれる心のフィルター、これが「ほめ達」の「ほめる」というフィルターなのです。

この「ほめる」というフィルターを身につけると、自分の心の中に安心が生まれます。

この安心が、プラスでポジティブなアイディア、言葉、表情を生み出す。そして、自分の心を守ってくれた「ほめる」というフィルターを使って、さらに周りの人に安心安全な言葉やアイディア、表情を提供できるようになります。

「ほめ達」は、周りの人にとって、安心安全な場と雰囲気を提供してくれる人なのです。「ほめ達」が提供する安心安全な場、雰囲気に接すると人は元気になる、プラスのアイディアが湧いてくる、行動する勇気が湧いてくる。これが、私の考える暗闇の中に灯されるロウソクの光となるということです。

ロウソクの光は火を分けてもわけても、元のロウソクの光は減るどころか、本数が増えた分だけどんどん明かりが広がっていきます。

最初は小さな明かりかもしれません。しかし、あなたの「ほめ達」の光が、少しずつ少しずつ、周りに広がっていけば「一灯照隅　万燈照国」素敵な世界がそこに待っているのです。

そして、あなたを中心として広がっていく明かりの真ん中にいるあなたが、その明かりの照り返しで、最も美しく輝くのです。

叱れる人でもある「ほめ達」

よくいただく質問の一つに、「〝ほめ達！〟は叱らない人ですか？」「叱ることを封印している人が〝ほめ達！〟ですか？」というものがあります。

「ほめ達」は叱らない人ではありません。むしろ積極的に叱りますし、叱ることを超えて怒ることもときにはあります。いや、叱ることはいいけれども、感情で怒ってはダメでしょう！ と言われるのですが、相手のことを本気で考えるならば、あるいは、本気で成し遂げたいことがあるならば、感情が動くのは仕方がない。また感情にはすごいパワーがあるので、感情を無理に抑えつけることはできません。

ここでは、叱ってもいい、怒ってもいい、そのために押さえておくべきポイントをお伝えいたします。どのような立場にいる人でも、誰かに指導を与える際に知っておきたい非常に重要なポイントです。

「ほめる」「叱る」どっちが大事か、この問題よりも重要なポイントがあります。それが前述した、その言葉を「誰が言うか」ということ。ほめられてもうれしくないことがあるように、逆に叱られているのに、怒られているのに、うれしくて泣けることもある。伝え手であるこちらの人間力が大事。だから人間力を高めていきましょうということです。

この「誰が言うか」に関しては、人間力における「誰が」という点と、関係性における「誰が」という2点があります。本章では、「関係性における誰が」という点についてお伝えしていきます。安心して叱ることができるようになる関係性を作るにはどうすればいいのか、具体的かつ、すぐにできる内容ばかりです。ぜひ学び、実践してみてください。

この重要なポイントを教えてくれたのは、私たちの最初の成功事例、あの焼き鳥チェーンで働くアルバイトスタッフでした。先ほどのほめる覆面調査に登場したAさんとは違う、別のアルバイトスタッフが私たちにこのようなことを教えてくれました。

「この会社は、私たちを叱らないかというと、すごく叱ります。めっちゃ怒られることもあります。ただ、この会社は、私たちを**見張っているのではなく、見守ってくれているんです！**」この言葉を私に教えてくれたのは、18歳の女性アルバイトスタッフでした。

この焼き鳥チェーンは、お客様満足の徹底を会社の理念に掲げ、その徹底とさらなる満足度向上に挑戦し続けていました。顧客満足度向上への挑戦のためには、妥協はなく営業時間中は、社員からアルバイトスタッフへ厳しい指摘が飛んできます。それらの指摘を受けながら、お客様には最高の笑顔で、最高のサービスの提供を。この厳しい指摘に対して、「見守ってもらっている」と受け止められる関係性とは、どのようなものなのか。私はこの会社を観察し続け、研究し続けました。そこで分かったことがあります。

自分が指導や指摘を受けたときに「見張られている」と感じるのか「見守ってもらっている」と感じるのかでは、心の状態が大きく違います。この違いを生むもの。それはねぎらい。いや、ねぎらいとも言えない小さな言葉がけです。アルバイトスタッフの行動に対して常に添えられている「評価」と「感謝」と「共感」の声がけ、ポジティブ・フィードバックです。

ここでのポイントは、**できていて当たり前のことに対しても言葉を惜しむことなく、タイミングを逃さず伝えていく**ということです。事実は小さければ小さいほどいいと心得ておいてください。

「今の挨拶よかったね！」「料理出してくれたんや、ありがとう！」「この生ビールの注ぎ方完璧！」「今日は、オープンからずっと満席状態、大変やけど、笑顔が途切れない。〇〇の笑顔の持久力すごいな！」

飲食店として、できていて当たり前のことでも、できているところを見つけて、認める評価の言葉をかけ、感謝を伝え、共感していくのです。これらのプラスの言葉、ポジティブ・フィードバックを充満させておく。

そして、できていないところを見つけたら、そのときもタイミングを逃さず、「あと、ここの盛り付けだけ、綺麗にしておこうか」「おっ、笑顔のエネルギーが切れてきたか？さらに笑顔意識していこう！」（このときには伝えながら、伝え手側も満面の笑顔で）。

すると、それらのアドバイスが、すっと相手の心に入り、行動が変化していくのです。常にプラス評価の言葉をかけてもらい、当たり前のことに対して感謝をもらい、大変な状況のときには共感してもらえる。そんな中での注意なら、相手は、「見守ってもらっている」と感じて、それらのアドバイスや注意を素直に受け取るのです。

ところがどうでしょう、このような当たり前のことに対して意識を向け、言葉惜しみせずに相手に伝えるということができているでしょうか。常にプラスの言葉を充満させておくということができている職場や組織はどれほどあるでしょうか。ダメ出しは本能、ついついマイナスばかりに意識を向けていないでしょうか。できていることは、できていて当たり前、言葉をかけずそのままスルー。そしてできていないことを見つけると、とたんに雷を落とす。そんなことが多いのではないでしょうか。

叱ってもいいのです。ダメ出しをしてもいいのです。普段からちょっとだけ意識し、できていて当たり前のことに対して、その価値を認め評価し、感謝し、共感の言葉を伝えていく。そんな言葉を増やしていく。

無言でチェックして、チェックして、チェックして、できていれば何も言わず、できていないときだけ叱る、注意する。これだと相手は、『見張られている』となり、注意する言葉をアドバイスとは受け取らず、『自分はまったく認められていない、非難、批判されている』と感じてしまうのです。

叱ってもいい、常日頃の言葉がけさえ足していけばいいのです。叱ることを封印するのではない、これまで通りでOKです。当たり前のことに感謝を伝える。ねぎらうことを足していけばいいのです。

共感の本当の力

ここで、共感する力についてお伝えします。

人は、悲しいことが起きたとき、苦しいことが起きたときに本当の悲しみや苦しみを感じるのではありません。自分に悲しいことや辛いことが起きたときに、自分の悲しみや苦しみ、辛さに共感してくれる人がひとりもいないと感じるときに、本当の悲しみや苦しみ、あるいは辛さを感じるのです。この本を読まれているあなたも、誰かから相談事を受け、その問題を解決したり、悲しみや辛さを取り除くことができないこともあると思います。そんなとき、相手の問題を解決することができなかったとしても、相手の悲しみや苦しみの感情に共感を寄せてあげることはできる。**共感を伝えてあげるだけで、相手の悲しみや苦しみ辛さがぐっと和らぐのです。**むしろ問題を解決すること以上に共感を伝えることで救われることもあるかもしれません。共感を伝えることの力をぜひ知って、実践してください。

そして、もう一つ重要なポイントがあります。それは、「共感に留める」ということです。

共感に留め、マイナスの同調まではしない。

「○○さんに、こんなことを言われました」「あぁ、それは辛かったねぇ」

これが共感する、共感に留めるということ。

マイナスの同調までするとは、

「○○さんに、こんなことを言われました」「あぁ、それは辛かったねぇ、それは○○さんひどいわ」

マイナスの同調までしてしまうと、火に油が注がれ、マイナスの感情が山火事のように広がり、また同調先の相手を要らぬ敵に回してしまうことにもつながりかねません。

共感に留めておくと、共感している相手のマイナスの炎がやがて鎮火していきます。

共感、誰でもすぐにできて、その効果は絶大。

本当の仲間や友を得るには、相手の関心を引こうとするよりも、相手に純粋な関心を寄せることが大切です。相手の話を一生懸命聞いて、共感する。周りにいる人たちひとりひとりに対して、そうやって真摯に接していけば、あなたの周りには、本当の仲間、同志が増えていくでしょう。

新幹線型からドローン型組織へ

暗闇の中のロウソク、松明の役割を果たす「ほめ達」は、周りに対する影響力が大きくなります。また、これからの時代のリーダーに必須の能力が「ほめ達」の中にあります。

昔のリーダーは機関車型のリーダーです。先頭の機関車だけに動力があり、続く列車部分の客車、貨車には動力がありません。客車、貨車は機関車に引っ張られて付いていくだけ。トップが後ろを引っ張っていく。しかも、圧倒的なパワーで。まさに機関車のような力強さで。

やがて時代は変わり、新幹線型に変わっていきます。新幹線は、先頭だけでなく、各車両にモーターがついていて、すべての車両に動力があり、前に進む。だから300キロを超えるスピードが出せるのです。これも素晴らしいことなのですが、時代は変わり続けます。それも信じられないぐらいのスピードで。

これから先の進化は、まさに次元が変わる進化です。それは、ドローン型の組織です。

機関車から、新幹線、さらにはリニアモーターカーへの進化。これは、時速70キロから300キロ、そして500キロを超えるスピードの進化なのですが、まだすべて、線路、軌道上を走る上での進化です。そして、定時出発、定時到着が前提。それに対して、ドローンは、どこを通ってもいいのです。いつ出発しても、いつ到着するかも自由。まったく次元が変わります。

ドローンたちが色々なところへ飛んで行って、情報収拾し、チャンスを見つけると、みんながそこに集まって、それぞれの役割を果たす。ビジネスに必要な組織の形が、これまでとはまったく違ってきます。その新しい組織におけるリーダーに求められる資質、これが「ほめ達」です。違いこそが価値と認めるリーダーシップです。

「ほめ達」は違いを価値にできる人

「ほめ達」は、いきなり間違いと決めつけるのではなく、そこに何か気づきや価値がないかと考えられる人。間違いというものは存在せず、違いがあるだけ。違いこそ、価値である。これが「ほめ達」の考え方です。

自分と他人は、絶望的なほど違う。その違いを知り、活用できる人になる。人をコントロールして自分の思い通りに使うマネージメントを離れ、違いを活用しチームビルディングができる人になる。違いを知り、違いを活用できるリーダーになることが大切です。自分と他人は絶望的なほど違うということを知る機会は多いのですが、その多くはマイナスのイメージを伴うと思います。

「この説明聞いたら、普通は分かるでしょ！」

この普通というのはないのです。自分と相手とは絶望的なほど違う、と知って、そこからスタートすれば「普通は分かるでしょ！」という言葉を発することはなくなるはずです。

相手の真実は、自分の真実とは違うことがある。まず、相手にとっての真実とはどのようなものかを知り、そこからコミュニケーションを積み上げていくといいでしょう。しかもその違いを楽しみながら。

ここで一つの体験ワークです。どちらの手でもいいので、人差し指を天井に向かって差し上げ、その人差し指を時計回りに回してみてください。回したままで、その回している手をおへそのあたりまで下げてみてください。指は回し続けたまま。その指を上から覗き込んでみて、その回転方向は、時計回りのままですか。時計と反対回りに回っていませんか。指の動きは同じなのに、下から見上げるのか、上から見下ろすのか、見る方向を変えると評価が変わる。同じ行動でも、見る人の立場が違うと、評価が変わることがあるということなのです。

「自分と他人は絶望的なほど違う」。そう知ってしまえば、絶望ではなく希望に変わります。違うのだと知って、活用していくのです。

チーム作りの真の意味を体験する

私が「ほめ達」の研修で実施するワークの中でお気に入りがあります。このワークは非常にシンプルなのですが、参加者に大いなる希望を与えるワークです。もし、3名以上のチームをお持ちならこのワークをぜひ実施してみてください。ものの5分もあればできるワークです。

ワークは非常にシンプル。口という漢字に2画足して、漢字を作ってくださいというもの。

例えば、口という漢字に2画足して、「囚」。口の中だけでなく、外に足すのもあり、例えば「加」「可」など。これを個人で3分間にどれぐらい思いつくかを書き出してもらいます。実際にある漢字です。

3分後、ワークの参加者にどれぐらい書き出せたかを確認します。最も多くの漢字を書き出せた人を皆の拍手で祝福します。

ほとんどの会場で、個人が書き出せるのは、7、8個ぐらい。多い人で15個。10個以上書ける人は非常に少ないです。口に2画加えてできる漢字は、当用漢字とそれ以外、よく使われる漢字で27個あります。

答えは、**囚四目田申由甲旧旦白古占召台只兄号叶叱加石右史句可司叩**
これらの漢字をホワイトボードなどに書き出し、答え合わせと確認。そして、ここからがこのワークのハイライトです。できればホワイトボードがいいのですが、それ以外なら、バッテンマークでもいいので、「この漢字、自分は書いた」というものに対して手を上げてもらいます。

それをホワイトボードなら、消し、それ以外ならバッテンマークで消していく。すると、面白いぐらい消えていきます。

ちなみに、私の経験上、消えることが少ないのが、「召」「台」「号」「叱」「史」「司」「叩」。それ以外のものは、意外と消えていきます。チームの答えとして消していくと、27個中20個ぐらいは消えてしまうのです。自分ひとりだけで考えていると、7個か8個。それが、チームで考えると20個以上の成果が出る。

また、面白いのですが、6個しか書けなかった人が、他の誰もが書けなかった漢字で手を上げて、チームに貢献できた！　というケースもいっぱい出てきます。

「召」や「号」などでたったひとりの手が上がったときには、「おお！　いい仕事！」と心からの賞賛をプレゼントします。

自分に思いつかなかったアイディアを自分の隣にいる人が、当たり前のように持っていることがあります。

「自分は、15個かけた、すごいだろ！　俺についてこい！」これがこれまでのリーダー。

「このチームすごいね！　20個以上消せたよ！　すごい！」

「君は、数は少なかったけれど、誰もが思いつかなかった漢字を書いて貢献したよ！素晴らしい！」

これが、チームビルディングを実現できるリーダー、「ほめ達」リーダーということになります。

このワーク、ぜひ実施して、違いの価値を体験してみてくださいね。

「苦手」を認めれば強くなれる

どんな人であっても得意もあれば「苦手」もあります。しかし、人は自分の苦手を「弱さ」と考えてしまい、なかなか認めようとはしません。

私もかつてはそんな人間のひとりでした。自分は他の誰よりも強くあらねばならない。他の人よりも頭一つ明確に抜きん出ているように見えなければいけないと必死に生きてきました。『リーダーは、常に強くなければならない』という考えが結果として私自身を苦しめることにもなっていました。

「ほめ達」となり『完璧でなくていいんだ』と考えられるようになり、『自分は、苦手なことが多い、ときに弱い人間なんだ』と認めることができるようになりました。すると、それまで私の心を覆っていた重苦しい雲が晴れ、まぶしいお日様が目の前を照らしてくれました。

組織のトップに位置するような、常に集団の先頭を走ってきた人にとって「自分の苦手や弱さ」を認めるのは辛いこと、怖いことかもしれません。しかし、**「自分の苦手や弱さ」を認めた先に、人としての「本当の強さ」があるのではないでしょうか。**

「ほめ達」での私の活動は、全国各地での講演や研修、セミナーの他、依頼があれば企業のコンサルティングも行っています。先日、とある企業のコンサルティングを毎月1回、半年間、行ったのですが、そこで私は「自分の苦手と弱さを認め、そこから人として本当の強さを獲得した」リーダーにお会いすることができました。

その企業は社会保険関係の仕事をしており、従業員数は30名弱。その会社はこれから「働き方改革を取引先に提案していきたいので、まず最初に自分たちの会社が改革を実践したい」ということで私のところにお話がありました。

その会社の社長が起業をしたのは約10年ほど前のこと。起業した当初は典型的なワンマン社長で、ノリも体育会系だったそうです。社員たちに対して「なんでこんなこともできないのだ！」と毎日怒鳴り続けていたそうで、当時からいる社員の方は「あの頃の当社は、ブラックを超えたダーク企業でした」と仰っていました。

その社長が5年ほど前から徐々に『このままではいけない』と感じ始め、その会社はブラックからホワイトへと変わることを目指すようになります。社長も社員を怒鳴るようなことはなくなり、ひとりひとりの個性を生かした会社づくりをされようとしていました。ここまで会社の経営方針を大きく変えるのは、社長にとっても大きな決断だったに違いありません。

半年間続いたコンサルティングの最終日、社長へのサプライズとして全社員が「社長への感謝の手紙」を読み上げました。読むも涙、聞くも涙の感動的なサプライズだったのですが、その中で会社の創業期から在籍しているナンバー2の幹部の方が「社長がここ1年で言わなくなった言葉があります」と手紙を読み始めました。

かつての社長は、営業先の社長に「経営者は孤独ですよね」と言う口癖があったそうです。ワンマン社長であるがゆえに、日頃から孤独感に囚われていたのでしょう。また、営業先の社長とのトークで「経営者は孤独」と言うと共感される、話が盛り上がる、そのため口癖になっていたのかもしれません。

近年の社長の姿に、かつての「ワンマン」の面影はもうどこにもありません。社員の力を借り、組織を大きくし、業績を作り上げてきた結果、社長の心の中に「社員に支えてもらっている、助けてもらっている」という感謝の気持ちが湧いてくるようになってきたのです。

社長は、自分ひとりでできることの限界を認め、その先にある世界観をビジョンとして示し、社員に感謝できるリーダーになりました。すると、それまで感じていた「経営者の孤独」から社長は解放されたのです。自分ひとりの力の限界を認めることで、本当の強さと力を得られることをこの社長は体現しています。

真の「承認欲求の充足」とは

あまりにも有名なアブラハム・マズローの欲求段階説。その中の承認欲求がこのところよく話題になっています。「ほめ達」協会の顧問でもある同志社大学の太田肇教授も『承認欲求の呪縛』(新潮社)という著書の中で承認欲求の光と影について取り上げられています。非常に示唆に富む本なのでご一読をお勧めいたします。ちなみに承認欲求の光の部分は、当協会の事例をご紹介していただいています。

ここで簡単にマズローの欲求段階説についてご説明させていただきますね。

マズロー曰く、人間の欲求には低次から高次のものが段階的にあり、低次のものが満たされることで高次の欲求に向かっていくというもの。欲求が満たされないと、満たされたいという気持ちが高まるというものです。その欲求とは、低次のものから、「生理的欲求」「安心・安全の欲求」「愛・所属の欲求」「承認欲求」「自己実現の欲求」。

こちらでは、簡単な説明にとどめますが、「生理的欲求」とは、眠りたいときに眠り、食べたいときに食べたいというもの。生き物として生理的に発生する欲求を満たしたいというもの。「安心・安全の欲求」とは、文字通り安心して生きていきたいというもの。安全な環境、状態を求めるもの。「愛・所属の欲求」とは、愛されたい、いずれかの組織に所属していたい、一員であるという実感を得たいというもの。

そして「承認欲求」とは、誰かから認められたい、尊敬されたいという渇望。「自己実現の欲求」とは、自分の能力を活かして創造的に生きていきたいというものです。

ちなみに近年の研究では、自己実現の上にさらに「自己超越」＝社会的貢献欲求というものもあると言われています。

これらの欲求の中で現代におけるキープレーヤーはどれかというと、間違いなく「承認欲求」です。それも飛び抜けて圧倒的なスタープレーヤー、注目を集める存在です。

なぜならば、この「承認欲求」までの欲求、「生理的欲求」「安心安全の欲求」「愛・所属の欲求」までは、普通に暮らしている限りは、あまりに簡単に満たされてしまうからです。

食べたいときに食べ、眠り、災害でもなければ安全で、帰るべき家があり、通うべき学校や会社、組織がある。ところがここから先、「認められたい」という欲求が簡単には満たされない。承認欲求よりも低次の欲求があまりにも当たり前のように簡単に満たされてしまうので、その先の「承認欲求」が満たされないことに焦がれるほどの不足感を感じてしまうのです。

その不足感、渇望に対する対策、承認欲求に対する充足の方法として、「ほめ達」が求められている。これは一面正しいのですが、真に重要な部分が語られていません。真の承認欲求の充足のためには、自分以外の周りの人からの承認だけでは足りないのです。

もっとも重要なのは自分で自分のことを認めることです。自分で自分のことを認められない人は、心のバケツに穴が空いているようなもの。どれほど周りの人からの承認を得たところで、その心のバケツから全部こぼれ出てしまいます。そして、常に乾いた状態。足りない足りないとなってしまいます。

では、この心のバケツの穴をどのように修復すればいいのか、これがなかなか難しい。自分で自分のことを認めることは、簡単なようで難しい。いや、自分は自分のことを認めているよ、バケツに穴なんか空いていない、という方もいらっしゃるかもしれません。ただ、そのような人も注意が必要です。

自分は、自分のことを認めている、だってこれだけ社会的に成功している。これだけの収入がある。これだけ周りから尊敬されている。もし、このように自分を認めることに条件をつけているならば、その条件が囚われとなっている可能性があり、これでは真に自分を認めている状態とは言えません。

自分で自分を認められるようになるには、段階があります。いきなり、自分を真に認めることは難しい。ではどうすればいいのか?

そのためにはまず、自分の周りの人の良いところを探し、それを伝えていくということがスタートとなります。

人は自分の中にないものは他人の中には見つけられないものです。自分にはない、こんな素敵なところがこの人にはある、だから憧れる。

重ねて言いますが、人は自分の中に本当にないものは、見つけられない。この人の所作って綺麗だな。この所作が綺麗だと気づけたということは、その種が自分の中にあるということです。他人の素晴らしさに気づけた、見つけることができたということは、自分の中にある種に気づけたということなのです。「憧れはその種を自分の中に蒔く」。やがて、その蒔かれた種が開花していく。憧れられている人も素敵なのですが、憧れている人はさらに素敵なのです。

このように周りの人の良いところをどんどん見つけ、伝えていくことで、自分自身の心に空いた穴が少しずつ少しずつ修繕されて小さくなっていきます。それでも完全に防ぐことはできません。

心の穴が少しずつ小さくなって、ある程度の小ささになったとき、その穴を防ぐのは誰か。最後は自分自身なのです。他人だけでなく、最終的に自分で自分のことを認めてあげることで、その最後の穴がふさがれるのです。

この時のポイントは、自分の嫌な部分、コンプレックスやトラウマや人に言えない、隠している自分の欲やずるさや弱さなど、すべてを含めて自分を認める、許す、自己受容してあげるのです。

口では立派なこと言っているけど、本当はずるいところもあるよね。強がって生きてるけど、本当は不安で仕方がないときもあるよね。サボりたいと思うことばかりだよね。それでも、がんばって生きてるよね。少しでも成長したいって、少しでも誰かの役に立ちたいってがんばっているよね。という風に、自分自身の弱さや嫌なところもすべて含めて、自分を認めてあげるのです。

この自己受容ができるようになって、初めて、他人に対する本当の承認ができるようになります。あの人の周りの人に対する強権的な態度、本当は自分に自信がないからだよね。分かるわかる！　自分の中にあるものだから。あの人の周りの人に対して距離を置く態度、本当は仲良くなりたいけれど傷つくのが怖いんだよね。分かるわかる！　私もかつてそうだったから。

このように、他人の中に自分を見て、自分の中に他人を映すことができるようになる。さらにありのままの自分を認めることができて、人目を気にせず楽に生きられる。これが承認欲求からの呪縛を可能にする、真の承認欲求の充足です。

ただ、急にここまでたどり着くことはできません。また、いったん綺麗にふさがれた心のバケツの穴は、また簡単に開いてしまいます。そう、そこでまた、周りの人の良いところ探し、承認。自己承認。この繰り返しなのです。

このサイクルと効用を知っておかないと、承認欲求にがんじがらめに縛られた生き方から離れることはできません。

この本を読まれたあなたはラッキーです。承認欲求というとてつもない重力から解き放たれ、自分らしい人生を生きるという翼を得たのです。

理論は常に後付けである。その理論を少しご紹介させていただきました。大切なことは、この本の内容を実践していくことです。

一度きりの人生、限りある命を最高に素敵なものにしていくために。

素敵な未来を生きるために。

第6章

時間を味方につける生き方

二度目の人生を生きる

「ほめ下手」を脱出して「ほめ達」を実践している人は、例外なく、「ほめ達」と出会って二度目の人生を生きているようだとおっしゃいます。また、私自身がそう実感しています。

そして、この実感をひとりでも多くの人に体験していただきたくて、本書を書いたり、「ほめ達」検定という形で「ほめ達」の実践方法をお伝えしています。

ここからは、私が「ほめ達」検定3級の中で、本当にお伝えしたいことの一つを書かせていただきます。検定の中では、時間の関係上、落とし込み切れていないことを特別に深くお伝えいたします。

「ほめ達」検定3級、問題1の解説部分、その補足の特別講義です。

※「ほめ達」検定については、巻末、あるいはこちらをご参照ください。

「一般社団法人日本ほめる達人協会公式サイト」 https://www.hometatsu.jp/

「ほめ達」検定問題1では、「自分が言われてうれしいほめ言葉」をできるだけ多く書き出していただきます。

この問題には二つの意味があります。まず一つ目の意味は、自分の周りをほめていく「ほめ達」が、まず誰の価値を見つけるのかというと、自分自身なのだということ。自分のことを認めにくい人は、なかなか周りの人の価値も認めにくい。まずは自分自身のことを認める言葉を持ちましょうという意味です。

そして二つ目の意味は、自分自身が、今現在、どれぐらいの「ほめ言葉」を持っているのか確認する。書き出せた言葉の数で、自分の「ほめ達」ボキャブラリーがどれぐらいあるのかを数字でご確認いただくという意味です。

そしてここからがポイントです。実は「ほめ達」検定では、ほめ言葉を書き出すというワーク終了後にお伝えする「解説」に大きな意味があります。

言われたい言葉を決めて生きていく

問題1で書き出していただいた、自分が言われてうれしいほめ言葉、その言葉の中から二つか三つの言葉を選んでいただきます。選ぶ基準は、自分がこれから生きていく上で、こんな言葉を言われたいな、こんな言葉を集めて生きる人生って、きっと素敵な人生になるだろうな、そのような言葉を選んでいただきます。

このワークとその先のいくつかのプロセスは、自分自身の人生を「ほめ達」らしく、より主体的に生きていく上で非常に重要なので、この本をお読みのあなたもぜひ、実際に挑戦してみてください。

まずは、自分が言われたい言葉を5分程度で書き出してみる。そして、その中から言葉を選ぶ、選ぶ言葉は、今自分がすでに言われている言葉でもOK。まだ言われていないけれども、こんな言葉を言われたいなぁなど、自分が目指す姿でもOKです。

ちなみに私もこのワークを自ら実施しました。私が選んだ言葉は、この三つです。

「元気ですね」「笑顔がいい」「勉強熱心」。そして、この三つの言葉を言われようと決めたのです。

「西村さんって、いつでもめちゃくちゃ元気ですよね！」

「西村さんって、笑顔がいいですよね！」

「西村さんって、勉強熱心で話題が新鮮で面白い、話を聞いていて時間があっという間に過ぎます！」

と、言われたいと決めたのです。そして、そのように常に意識して実践しています。

私も人間なので、年間220回以上、全国を移動して講演会や研修をしていると、たまのたまには疲れているときも実際にはあるのです。ただ、「西村さんって、いつでもめちゃくちゃ元気ですよね！」と言われたいと決めたので、人前に出るときには、「こんにちはー！」と元気いっぱいに振舞っています。

その実、ホテルの部屋に戻って、ひとりきりになった瞬間「はぁー」とベッドにへたり込んでしまうこともあります。ただし、人前に出るときには、元気いっぱい！

笑顔もそうです。意識しています。笑顔して生きていくと決めましたから。ただそれを続けるのもなかなか難しいものです。

先日もこんなことがありました。「この前、新大阪駅で西村さんを見かけましたよ！」

「えっ、声掛けていただいたらいいのに！」「いや、難しい顔をして歩かれていたので、声掛けられなくて」

大いに反省しました。それ以来、自分の笑顔のチェックポイントというか創造ポイントを設けるようにしました。電車移動時は、Suicaを改札にピッとしながら「笑顔」。エレベーターのボタンを押しながら「笑顔」。強制的にここを通るときには笑顔、あるいは笑顔に見えるまぶしそうな顔をすると決めているポイントを作っています。

このように意識して生きていくと、次第にそのような言葉を言われることが、多くなってきます。「西村さんって、本当にいつでも元気ですよね」「西村さんの笑顔って素敵ですよね」という風に。

人間生まれ持っての性格はあります。生まれつきの性格はありますが、自分が周りの人にどのように評価されるかは、自分が周りの人にどのような表現をしているか次第なのです。

自分では、明るい性格のつもりでも、表現の仕方、声の大きさや表情がそうでないと違う評価になってしまうのです。

一度きりの人生、限りある命なら、なりたい自分になって生きていきませんか。

「なりたい自分」をイメージして、その姿を演じて生きていく。

するとだんだん、少しずつ少しずつ、時間をかけて自分がなりたい自分に近づいていきます。

どうでしょう、なりたい自分、言われたい言葉、イメージできましたでしょうか。言葉が明確になり、その言葉をもらっているイメージが明確になると、それはやがて現実となります。

言われたい言葉を選ぶポイント

ここまでの解説は、「ほめ達」検定の中でもご説明させていただいているのですが、ここから先が特別補足の解説です。時間の関係上、実際の検定参加者に言葉を選んでいただき、実践を宣言していただくことはできないのですが、本書をお読みのあなたは、ぜひ、この時間の中で言われたい言葉を選び、その実践を宣言していただきたいのです。いい話を聞いたな、で終わるのではなく、二度目の人生を体験していただくために。そして、言われたい言葉を選ぶポイントについても解説させていただきます。ポイントを押さえて、言われたい言葉を選んでいただくと、さらに自分自身の成長が加速します。

言われたい言葉選びのポイント

・自分が今できていないこと、少し意識しないとできないこと
・他者からの評価が可能なこと
・誰かの役に立つ内容であること
・自分にとっても価値があること

まず一つ目は、自分が今できていないこと、苦手なこと、意識しないとついつい忘れがちであるということです。自分が今、何もしなくても自然にできていることではなく、今はできていないけど、そうなりたい姿をイメージする。少し意識しておかないと、あるいは、かなり意識しないと難しいという姿で、自分がなりたい姿を選んでください。少し背伸びした姿をイメージするということです。

「ほめ達」になる前の私は、笑顔が苦手だったのです。今も意識しないと、ついつい難しい顔になってしまいます。ですから、私にとって「笑顔して」生きていくということは、少し背伸びしながら生きていくということ。「背伸びもやがて身の丈となる」。私の好きな言葉です。

二つ目は、他者評価が可能な言葉を選ぶということです。「言われたい言葉」というところがポイントなので、周りの人が見て、そのような姿に見えることが大切です。「私は、何があっても「心の中で」笑顔して生きていきます」。素敵な生き方ではありますが、「心の中で」は、周りが見ても分かりません。「いつでも笑顔」や「笑顔しか見たことない」「ネガティブな言葉を使っているのを聞いたことがない」。周りが、「確かにこの人は、そのように生きている」と評価可能な言葉を選んでくださいね。

三つ目は、選んだ言葉を実践することで、誰かが喜んでくれる、誰かの役に立つことができる言葉を選ぶということ。せっかく素敵な自分に成長していくならば、誰かの役に立つ、喜んでもらえることを目指しませんか。「ほめ達」の考え方の基本は、自利利他一体。人を幸せにする人が最も幸せになる。「ほめる」人が、最も豊か。自分自身の成長への挑戦も誰かを幸せにするため。そう考えて実践していくと、不思議なほど、この挑戦が継続できてしまうのです。

そして、最後は、この挑戦の結果が自分にも喜びをもたらすものを選ぶということです。なりたい自分になって、自分自身が心からうれしく、楽しく、安心して生きていけるものを選ぶということ。

私が選んだ言葉「いつでも元気」「笑顔がいい」「いつも勉強していて話が面白い」。この三つの言葉をいつも言われる状況になると、私は孤独な状態ではなくなります。ありたい姿になることが求めている環境を作り上げてくれるのです。ありがたいことに私は、今、これらの言葉を集めることに成功して、安心の中で生きることができています。

「シャンパンタワーは自分から」という言葉があります。平べったいシャンパングラスをピラミッド状に積み上げて、一番上のグラスにシャンパンを注ぐ。一番上のグラスがいっぱいになると2段目にシャンパンが流れ込む、2段目がいっぱいになると、その下の段へ。上が満たされて、つぎの下の段へ。この一番上のグラスが自分の心なのです。

自分が満たされて、はじめてその次へ、それは家族であったり、大切な仲間であったり、友人であったり、そしてまた次の段へ。会社の仲間やお客様、そしてさらに社会へ。

どんどん広がっていくけれども、最初の一番上のグラス、自分の心が満たされていないと、周りに広げていくことはできない。

この自分の心を満たすシャンパンが、世のため人のためになるものであるならば、シャンパンがどんどん自分の手元に集まり続けます。まず、自分が満たされ、さらに次の段へというサイクルが永遠に途切れることなく廻り続けるのです。

ありがたいことに私は今、その体験をさせていただいています。「ほめ達」をお伝えすることで、多くの人に喜んでいただいているのですが、この「ほめ達」というシャンパンがどんどん私の心に流れ込み、私の心が安心に満たされ続けています。

多くの方から感謝をいただき、まさに「ほめ達」は私に第二の人生を与えてくれました。

言われたい言葉を決めることで、自分の人生を決めることができるのです。

一度きりの人生、限りある命、自分の人生を主体的に、自分自身でハンドルを握り、しっかりとアクセルを踏み込んで生きていきませんか。

そして、もし、言われたい言葉のことを忘れていても大丈夫です。人間ですから忘れることもあります。そんなときは、第2章の「「ほめ下手」だからできなくていい」の内容を思い出してみてください。

「ほめる」とは種蒔き

第1章の「「ほめ下手」だから時間をかけて学べる」のところで簡単にお伝えしましたが「ほめる」とは種を蒔くことです。成果が出るまでにはとても時間がかかります。透明の容器の中に入れられた球根ではなく、土の中に蒔かれた種です。透明の容器の中の球根は、根が生え、芽が出るところをリアルタイムで観察することができますが、土の中の種は、発芽の瞬間を見ることはできません。時間をかけて地表に現れるまでは、まったく変化を見ることができないのです。

変化を見ることができない、イコール、変化がないと思い込んでしまう。そうではなく、種は蒔かれた、と信じて待つことが大切なのです。待つことができないと、掘り起こしたり、いじったりして本来なら芽が出るはずのものも出なくなってしまう。

「ほめる」ことは信じること。種は蒔かれた、いつ芽が出るか、花が咲くか、実をつけるのか、それは分からない。ただ、種は蒔かれた、時期が来れば必ず、芽吹き開花する。そう信じることができる人、信じて待つことができる人、これが「ほめ達」です。

そして、待つことが苦手な人にお勧めなのが、第1章でもお勧めした、蒔いたことを忘れるぐらい種を蒔き続けるということ。蒔いて蒔いて蒔き続けていると、ふと視線を移した瞬間、そこに芽吹きを発見できるようになります。うかうかすると、花まで咲いている！　その花があなたに話しかけるのです。「私は、あなたが蒔いた種から生まれた花なのですよ」と。

種を蒔くという生き方は、感動ある生き方です。

小さな花と出会った、ある認定講師のお話です。

ある日、「ほめ達」協会の支部でもある南部自動車学校に、とある親御さんから電話がかかってきました。聞くと、その方の息子さんは人と接するのがあまりうまくなく、コミュニケーションを取るのが苦手。以前に通っていた教習所では怒鳴られて心が折れてしまい、途中で通うのを止めてしまった。そちらは「ほめちぎる教習所」と言われているが、うちの息子のような子でも教習してもらえるのか？　という問い合わせでした。

南部自動車学校は、もちろんその生徒を受け入れ、「ほめ達」認定講師がその子の担当教官となりました。いざその子が通うようになると、会話が成り立たないだけでなく、顔すらも合わせてくれようとしない。担当の認定講師はそれでもその子をほめ続け、他の生徒よりもあきらかに技能取得のスピードは遅いですが、支え続け、教習レベルを少しずつ上げていったそうです。

どんなにほめても反応がないことから、さすがの認定講師も途中で心が折れてしまいそうになったといいます。しかし、その教官はあきらめずに、ほめて支え続けました。時間はかかりましたが、その子はめでたく教習所を卒業し、免許を取得しました。

卒業時、その教習所では、卒業生全員にアンケートをお願いしています。その子のアンケートにはこう記してありました。

「僕は今まで何も成し遂げたことがありませんでした。最後まで継続して成功できた体験もありません。今回初めて免許を取って、何かを達成する感覚を味わえました。教官にたくさんほめてもらって、それが自分の心の支えとなり、ここまで来ることができました。本当は教習中にもお礼を言いたかったのですが言えませんでした。僕が免許を取れたのはT教官が支えてくれたおかげです。ありがとうございました」

そのアンケートを読んだ担当教官の認定講師は『やっぱり響いていたんだ』とうれしく感じると同時に、途中であきらめることなく、ほめ続けてよかったと思ったそうです。

十人十色というように、世間には色々な人がいます。打てばすぐに響く人もいれば、なかなか響かない人、先述した教習生のように「まったく反応のないように見える人」もいます。

しかし、「ほめる」「支える」という行為は、聞こえていないようでも相手にはちゃんと響いています。

打てば響いていることを、私たち「ほめ達」は経験として知っています。「信じている」ではなく「知っている」のです。多くの芽吹きと開花を目にし、多くの変化を見てきて知っているから「あなたの言葉は相手に響いていますよ」と言えるのです。

最初の開花との出会いまでは、時間はかかるのですが、ある時期からは時間が「ほめ達」の味方になってくれるようになります。時間がたてばたつほど、蒔いてきた種がどんどん開花して、花が咲く姿に囲まれて生きることができるようになります。

種さえ蒔いておけば、時間の経過とともに感動に包まれる「ほめ達」という生き方。

あなたも小さな種、蒔き始めませんか。蒔いておくだけでＯＫ。忘れてしまうぐらいがちょうどいいのです。

未来を作る生き方～環境を選択して生きる

「幸せ」や「成功」に対する定義は、人によって様々です。何をもって幸せというのか、何が成功なのか。これが絶対という答えはなく、皆が、それぞれの幸せや成功を目指している。そして多くの人が幸せになりたい、できれば成功したいと考えているのではないでしょうか。

もしあなたが、幸せになりたい、成功したいとお考えならば、お勧めの方法があります。それは、環境を選択して生きていくということです。自分を置く環境を選択していく。環境というと、それは会社かもしれない、学校かもしれない、所属する組織かもしれない。あるいは地域や国かもしれない、と考えるかもしれません。ここで私がお勧めする選択すべき環境とは、自分が一緒に生きる人、付き合う人です。人間的環境、誰と付き合っていくかを選択して生きていくということです。

急に付き合う相手を変えることはできないかもしれませんが、これも時間を味方につける生き方のひとつ。時間とともに付き合う環境が変わるような生き方をしていくのです。

どのようにしていくのか、それはいたってシンプル。自分が一緒に生きていきたいと思える人が使っている言葉を先取りして使っていく、これだけです。世の成功者と言われる人に運の悪い人はいません。少なくとも「自分は運が悪い」という成功者はまずいません。周りから見て運が悪いと思える状況でも、「だからよかった！」と乗り越えていくのです。

環境を選択する一番の鍵は、自分が使う言葉を選択すること。使う言葉を意識することで、人生を変えた人が私の近くにもひとりいます。

私と家内が結婚する少し前のことです。私がこの人と結婚しようという気持ちになった出来事があります。今から20数年前、私と彼女は遠距離恋愛をしていました。私は横浜で営業の仕事、彼女は大阪で証券会社に勤めていました。当時は携帯電話もなく、私が暮らしていた会社の寮は古く、部屋に電話も設置されていませんでした。二人の唯一のコミュニケーションは私が寮のロビーの公衆電話で彼女の自宅に電話をかけ、週に数回テレフォンカード1枚分だけ話をすること。

その電話をしているときのことです。彼女の愚痴が始まりました。会社の上司のこと、仕事の大変さなど。今なら共感して聞いてあげるのですが、当時の私は、まだ若かったのです。彼女の愚痴に対して、親切心からアドバイスをしてあげようと思いました。

そのアドバイスを始めた瞬間、彼女が「でも！」と言ってきたのです。いやいやそうじゃなくて、こういう風に考えようよとアドバイスを続けようとすると、すかさず「だって！」と私の話をさえぎります。若かった私は、イラっときて「次に『でも』『だって』って言ったら電話切るからな」と彼女に告げました。そのときはまだ私の方が、少し偉そうにできたのです（今は違いますが）。

ところがやはり、彼女は次のアドバイスに対しても「でも！」、その瞬間私は電話を切りました。当然大げんかになったのですが、なんとか事態は2週間後に収束しました。恐らく私が謝ったのだと思います。また普通に電話できるようになり、たわいもない会話、「今度の3連休に大阪に戻るけれど、どっか行きたいところある？」、そんな会話をしているときに、彼女が油断したのか、また愚痴が始まったのです。私はやっぱり我慢できなくなって、アドバイスをしました。

彼女が愚痴を言う、私がアドバイスをする、またやってきた「でも・だって」シチュエーションです。

そして、この後、彼女が私に言った一言が、私がこの人と結婚しようという気持ちになった一言なのです。

自分の愚痴にアドバイスをする私に対して、彼女は、「うーん」となったあと「**しかしー**」と言葉をしぼり出しました。まるで新しい単語を発明したかのように頭を使って。それを聞いた私は腹を抱えて大爆笑、息ができなくなるほど笑いました。そして『しかし』はセーフ！　それはお前間違っていない、お前の言う通りや、大変やったな」。

愚痴と思えた彼女の考えに賛同し共感を伝えました。

それ以来の彼女、「でも・だって」はゼロにはなりませんでしたが、言う量がすごく減ったのです。

このような素直さを持つ人って素敵だなと、結婚を決意し、今も一緒にいるのですが、結婚後、このときの出来事を彼女に覚えているか聞いてみました。

「覚えてるよ！　あの『しかし事件』やろ。パパめっちゃ笑ってたもんな」。彼女の中では事件になってるのだと内心笑いながら聞いていると、さらに彼女はこう続けました。

「あの『しかし事件』以来、改めて自分の周りを見てみると「でも・だって」を言う人ばかり、「でもだって星人」ばっかり、まるで「でもだっての星」に住んでるみたいやった」。やっぱり、この人素敵だなと再び大笑い。「あの事件以来、何となく違和感ができて、付き合う仲間も変わっていった」。

小さな言葉の使い方を変えていくことから環境が変わり出し、人生が変わるのだと彼女から学びました。

環境とは、自分の周りにいる人。そして最も身近な環境は、自分が使っている言葉、そのものでもあるのです。半径30センチ以内の心の環境整備を続けることで、半径3メートル以内の環境が変わり、やがて大きな人生の変化につながっていく。今、ここ、意識してできること。言葉を選択して生きていく。

私の家にはハウスルールがあります。「最悪」「疲れた」といった言葉はNGワードです、使用禁止。だから私も帰って「疲れた」とは絶対に言えません。「あー、疲れたー」と言いたいときは「今日も1日がんばった！」などと言い換えています。

会社などでも「無理」とか「できません」といったネガティブな言葉をNGワードと

してオフィスルールにするといいかもしれません。
あなたが、これから意識して増やしていく言葉は、どのような言葉でしょうか。
そして、封印したい言葉があれば、それも意識してみてください。
あなたの環境がどんどん変わり始めます。

失敗は発酵させて栄養に変える

「ほめ達」は失敗しない人ではありません。むしろ積極的に生きていくので、最初は上手くいかないと感じることも多いのです。スピードを上げて生きているので転ぶこともある。膝をぶつけることもある、頭を打つこともある。ただ、転んでも立ち上がれる人、そしてまた歩き始められる人なのです。

「ほめ達」は単なるポジティブシンキングではありません。良いところだけ見て、悪いところは見ないようにする、ということではないのです。上手くいかなかった経験をしっかりと糧にして、栄養として自分の中に取り入れられるのが「ほめ達」なのです。

上手くいかなかった経験、いわゆる失敗ほど栄養価は高いのです。失敗も時間をかけて発酵させて栄養にしてしまう。時間とともに人の役に立つものに変化するのが発酵。時間とともに毒に変化するのが腐敗です。「ほめ達」はあらゆる経験を養分に変えてしまう魔法の酵母なのです。

また「ほめ達」になるということは、「受け身」の達人になるということでもあります。どんな派手な転び方をしても、きれいに受け身が取れるようになっていますから、怪我を恐れず全力で走り、挑戦し続けることができます。あっ、つまずいた！　体が空中に投げ出された、このままではお大怪我だ……。周りがヒヤヒヤしてみているその瞬間、まるで空中に投げ出された猫のように体を入れ替え、しなやかに足から着地。おお！　かっこいい！　すてき！　こんな生き方ができるのです。

もし、受身に失敗したら……それでも大丈夫です。

落ち込むときは徹底的に落ち込んだ方がいい

今から10年以上前の話ですが、私と友人の間に起こったことです。

その友人は両親も兄弟もみなドクターという医者一族で、親の経営する大きな病院で友人も働いていました。

しかし家族関係の問題から、友人はその病院を辞め、独立することになりました。新たな病院をつくるにはお金がかかります。友人は大きな借金をして土地を決め、建物を建てる契約をし、独立に向け動き出しました。ところが、よくよく計算していくと、立地条件や環境などからオープンしたとしても経営が相当厳しくなりそうなことが分かりました。

彼は悩みに悩んだ末、多額の違約金などを払い、結局すべての契約を白紙に戻しました。そして親に頭を下げて元の病院に戻ることにしたのです。

彼が悩みに悩んだその期間は2ヶ月間くらいだったでしょうか。私の事務所は彼の家からも近いとあって、彼は週一くらいの割合で私のところに来ていました。そのころの彼は、どんよりとした表情で日に日に痩せ細り、うつ病とまでは言いませんが、それに近い、かなり不安定な状態でした。

その日も彼はとても暗い表情で私のところにやってきました。下手に励ませばそれは彼へのプレッシャーになってしまいますし、慰めるのもわざとらしい。『どうしたもんかな』と考えた末、私は彼に「今の顔を写真に撮ろう！」と言いました。どん底にある今、その顔を撮ったら、5年後に絶対笑えるから、と。

私がそう言った瞬間、友人は笑いました。その笑顔を見て私は「笑ったらあかんやろ！」とツッコミを入れ、またふたりして久しぶりに心から笑いました。

その後、彼はその状態から這い上がり、再度自分の病院を作ることにチャレンジし、成功を収めました。

あの時、私の一言で笑った友人はその瞬間にどん底から脱したのです。落ち込んだときこそ状況を自ら観察する。心を整えるにはそういったやり方もあるのです。

人生の中でいくつもの壁を乗り越えてきた人は、落ち込んだ状況にも慣れていますから、そこから立ち直るのも早いです。

「あ、今自分はすごく落ち込んでいるな」と確認できる人は、そのマイナスの状況を「これをクリアすれば自分は成長できる」とプラスに変換することができます。

落ち込んだ状態をごまかしたり、無理に元気に振る舞おうとすると、その落ち込みはさらに深くなってしまいます。そんな状態になるのを避けるためにも、落ち込んでいることを自覚し、自分を観察し、ゆっくりとマイナスをプラスに変換していく作業をしていくことが大切です。

「落ち込んではいけない」。そんな思い込みは捨て、落ち込むときはとことん落ち込んだほうがその後のためになります。つまり、落ち込みやすい人のほうがその状態から上がって来やすく、落ち込んではいけないと考えている人のほうが、その状態を長く引きずってしまうのです。

落ち込んでも良い、やがて時間とともに心の栄養、糧に変わるから。

使命を持って生きる

使命、この命の使い方。この命をどのように使って生きていくか。人は使命と出会うと信じられないほど大きな力を発揮できるようになります。

どんな人にも使命はある。そして、使命に大きい小さいはない。

そう教えてくれた人がいます。それは私の母です。

母は、19歳で石川県から大阪の商売人の家に嫁ぎました。商売にそれほど熱心でなかった父の代わりに商売人の権化のような祖父から徹底的に商売のイロハを仕込まれ、若くしておかみさんの役割を果たしていました。子育てをしながら、お店もみて、商売が広がっていくとその従業員の管理まで。まさに寝る間もなく働き詰めでした。もともと明るく、話し好きで社交性の高い母、お店でも家でも太陽のような存在でした。

やがて私が社会人となり、会社勤めをしているときに、その母が病気になり休養が必要となりました。もしかすると命に関わるかもしれない。私は、勤めていた会社を辞め、家業を継ぐ決断をしました。

幸いにして、母の病気は快癒したのですが、その時期から、家業に戻った私が、母の負担を減らすために経営の柱となっていきます。母の仕事の領域を少しずつ引き継いでいき、ほぼ私がすべての仕事をできるようになりました。母の負担がゼロになったころ、母は心の病になりました。何か落とし穴に入ったようでした。

病院に行くと大量の薬が処方されました。その薬を飲むと母は、これまで見たことのないような態度を見せます。優しかった母が、きつい言葉を使うようになりました。あるいは、死にたいと言って、ひとりにはしておけないような状態になることも。診察に行っても待ち時間は1時間半、診察は2、3分です。薬は大量。その薬が母をさらにおかしくしているのでは、と病院を変えたところ、丁寧な診察をしていただき、薬はぐっと減りました。

そして、まだ話は続きます。もう少しお付き合いください。

私はこれまで監修本も含め10冊の本を出版させていただいています。おかげさまでそのすべての本が重版といって、増刷、刷り増しをしていただいています。1冊目の本は10年以上前の出版なのですが、現在も増刷が続き、14回も増刷していただいています。ところが、この重版、増刷というのが現在の出版不況の中では難しいのです。現在の重版率は3割弱だと言われています。ほとんどの本が出版されて書店に並んでいるのはよくて数ヶ月、その後回収されて廃棄されるのです。

しかしチャンスはある、新発売の本は、最初の2週間は主要な書店で平たく並べて飾ってくれる、その期間に売れると増刷の可能性が高くなる。私はそのことを聞いていたので、1冊目の本のときに、ある作戦を立てて実行しました。それは、発売された最初の週に、大阪中の主要な本屋さんを回り、それも変装して、自分の本を買って回ったのです。一度に1冊ずつ、1週間に2回ほど。そして、1週間後、その書店に挨拶に行くのです。

『繁盛店のほめる仕組み』（1冊目の本のタイトル）の著者の西村と言いますが、店長さんはいらっしゃいますか？　そして、店長さんにご挨拶して、こう聞きました。この本どうですか、売れてますか？　店長さんはレジで確認してくれます。この本ですね、えーと、先週2冊売れてますね。（あー、全部自分が買った分だ）知らぬ顔して、そうですか！　2冊も。

書店で1週間で2冊売れるというのは、売れている方なのです。そして、著者が大阪在住で、挨拶にまで来たとなると、書店さんは追加の注文をしてくれるのです。追加の注文が入ると、本の寿命（書店に置いてもらえる時間）が伸びるのです。

このようにして、書店を回っていると、ある書店で、この本先週4冊売れていますね！（えっ、自分は2冊しか買っていないのに）、その店長さんは続けてこう言いました。似てますね。先週、女性がこの本を2冊買っていかれたのですが、西村さん、その女性に似てはりますね。

その女性とは、私の母でした。母は私に内緒で、大阪市内の大きな書店を回って、私の本を買ってくれていたのです。そして書店の人に、この本、いい本なのでまた追加しておいてくださいね、と言ってくれていたそうです。そして買った本を近所の喫茶店のマスターや親戚にプレゼントしていました。

このときから、母の病は回復に向かっていったのです。これは私の勝手な推測ですが、母は自分が役割を果たしていた商売の舵取りという重責から解放されて、逆に心に隙間が空いて、ふと穴に入ってしまった。私の出版で母は自分の使命を再び確認したのではないか。私の使命は、貴好を産んで「ほめ達」を誕生させること。そして、その応援をすること。今できることは小さなことかもしれないけれど、息子の本を応援すること。母は今でも、私の本が出るたびに書店を回り、買ってくれています。

そして、この母に、貴好を産んで良かったと思ってもらえるような生き方をすること、これが私の使命です。

このことをこの本に入れるかどうか、最後まで迷いました。母の心のかさぶたを剥がすことになるのではないか、辛いことを思い出させるのではないか、心配でした。

母の許可を得て、この話を載せさせていただきました。

「ほめ達」の意義の一つは、心が風邪をひかないように、風邪をひいたとしても重症化しないようにするためのもの。

母から引き継いだ使命、私の使命、「ほめ達」の使命は、この「ほめ達」の考え方をひとりでも多くの人に届けることです。

プライドは未来に持つ

「ほめ達」の使命を果たすにあたって私が意識していることがあります。それは、プライドは未来に持つということです。未来の自分が一番格好いい。今の自分が一番格好悪いということです。本当の格好良さとは、格好悪さの向こう側にある。最初は、上手くいかなくて当たり前なのです。上手くいかないからこそ練習、トレーニングするのです。

「ほめ達」に到る道もそうです。「ほめ下手」であれば特に、最初はぎこちない、上手くいかない、格好悪い。この格好悪さ、ぎこちなさこそ、挑戦している証拠。自分が上手くできる範囲だけのことをしていては成長がない。常に上手くいかないレベルに挑戦し続ける。その姿こそが、本当の格好良さなのです。無様、格好悪い姿を見せるのが恥ずかしい、プライドが傷つく。しかし、挑戦する姿、ぎこちない姿を見せることで傷ついてしまうようなプライドならば、むしろ邪魔なプライドではないでしょうか。

プライドは未来に持つ。未来、成長した自分の姿にこそ、プライドを持つ。挑戦して、失敗し、立ち上がる。挑戦して、経験という糧を得て、立ち上がる。無様に不格好に進み続ける。常に今が一番格好悪い。

周りから見て、この人は夢を叶えた人だな、という人には共通点があります。それは、常に一歩、また一歩、足を踏み出し続けるということです。普通の人は、目の前の道がきれいに舗装された道ならば、足を踏み出す。ぬかるんだ道や、岩場には足を踏み出さない。ところが夢を叶えていく人は、目の前の道がどんな状態でも足を踏み出し続けるのです。一歩、また一歩と。足がドロドロになろうが関係ない。岩場など足場がきちんと確保できないような状況でも足を踏み出します。道に見えないところでも、ただ一歩踏み出し続ける。夢を叶える人たちがやっていること、それはただ、目の前の一歩を出し続けることだけ。小さな一歩を。

「ほめ下手」から「ほめ達」に向かって進み続けるあなた、ぜひ、ぜひ小さな一歩を勇気を持って踏み出していってください。

勇気とは、怖さを知らないことではない、怖さを知りながら一歩踏み出す、これが本当の勇気です。そして、あなたのその挑戦し続ける姿が、また誰かの勇気となっていきます。

子どもには無限の可能性がある、なんてとんでもない！

子どもには、無限の可能性がある、なんてとんでもない！　私はそう考えています。**子どもにも！　無限の可能性がある、そして我々大人にこそ、無限の可能性があるのだ。**これが私の考えです。

子どもたちの可能性を引き出したいのならば、大人である我々こそ、挑戦し、失敗し、そこから立ち上がる姿を見せることが大切なのではないでしょうか。

子どもよりも圧倒的に自由で制限の少ない我々大人、言い訳を外せば、いくらでも成長することができるのです。人は、いつでも、いくつからでも変われる、成長することができる。年齢のせいにせず、環境のせいにせず、成長する意志さえ持てれば。

この本を手に取られ、ここまで読み進まれた、あなたは「ほめ下手」から脱出するという成長をこれから実現されます。その成功体験を足がかりに、ぜひ次のチャレンジにも挑戦していただきたいのです。

今ここ、この瞬間にできる小さなことからスタートです。微差の積み重ねが、圧倒的な成果の違いを生んでいきます。

量稽古と三年先の稽古が未来を作る

この二つの言葉の意味を知り、実践する人が成果を得るというお話をします。

二つの言葉とは、

「量稽古」と「三年先の稽古」

です。

「量稽古」とは、まずは何も考えずに、徹底的に多くの回数、量をやってみることです。何か新しい技術の習得に挑戦するような場合に、その挑戦に意味があるのか、あるいはそうでないのかを考える前に、まずは徹底的に量をやってみる。量稽古を実践した人にだけ見える世界があります。実践した人だけが持てる言葉の重みというものがあります。また実践した人には、なんとも言えないすごみや存在感というものが備わり、ジャンルは違っても、量稽古を実践してきた人同士のつながりというものができてきます。

何か新しいことを始めるときには、量稽古をお勧めします。

そして、もう一つの言葉が「三年先の稽古」。

これは元々は相撲の世界の言葉です。いま必死で取り組んでいる努力、これは今日結果が出るものではない。1週間先でもない、1ヶ月先でも、半年先でもない、1年先ですらない。3年先に圧倒的に力をつけている、成長している。3年先にようやく結果が出る、そのための今、この必死の努力なのだと考えて努力をやめない、あきらめない。あきらめないとは、結果が見えない中で努力をやめないこと。努力して、すぐに結果が出る、そんな努力ならば、誰でもできるのです。結果が見えない中で努力をやめない、これがあきらめないということ。

事務所などに置かれている業務用のコピー機で使われるコピー用紙。たとえばA4用紙のワンパックが500枚です。このコピー用紙を2パック分、1000枚のコピー用紙をあなたが今いる部屋に積んでおく、そして毎日一枚ずつ隣の部屋へ。1週間や10日では、元のコピー用紙の山にほとんど変化は見られない。ところが3年経つと、今目の前にあるコピー用紙の一山がなくなって、隣の部屋に一山できているのです。毎日、A4一枚の紙の厚さでも3年たつと、誰の目にも明らかな変化となる。微差の積み重ねのすごさです。私自身も常に、「三年先の稽古」、「三年先の稽古」と念じながら、今目の前のことに全力で取り組み続けています。急に結果が出ないからこそ、素晴らしい結果が待っていると、私は知っています。

あなたもぜひ楽しみながら「量稽古」「三年先の稽古」で「ほめる」に取り組んでくださいね。

「ほめる」の究極は、この命への感謝

この世の中に、「絶対」はあまりないものです。何かを伝えて、それって絶対？　と確認されたときに、はい絶対ですと答えられることは少ない。ただ、これは絶対ですと言えるものがあります。それは、この身体はやがて役目を終えて、この世を去るということ。やがて寿命が尽きて死を迎えるということ。このことを誰も避けることはできません。どんな人にも死は必ずやってくるのです。

この絶対的にやってくる死を恐れてばかりいても仕方がない、それよりも本当に恐れるべきものがあります。それは、**「今を生きていると言えるか」**どうかです。今この瞬間、

ただ死んでいないだけ、無為に時間を過ごす。あきらめ、悲観し、自らの意思で主体的に行動することをやめてしまう。挑戦と成長をあきらめ、ただ日々を過ごしてしまう。今を生きている、と言えない状況こそを恐れたい。

「ほめる」の究極は、この命に対する感謝です。今この瞬間、自分が生かされていることに感謝し、自分の可能性に挑戦し、自らを生かしきって生きていく。この命が尽きるときに、自分は生き切ったと胸を張って言える生き方をする。これが「ほめる達人」という生き方なのです。

ある企業に研修に行ったときのことです。研修先は、特殊車両を扱っている企業で、参加者の多くは整備の現場で働く技術者、整備士さんたちでした。

職人気質で話すのが苦手、武骨な人が多く、典型的な「ほめ下手」ばかり。そんな方々に私は「ほめる」研修を数年にわたり、年3回の定期研修を続けました。

ある回で私は「感謝する」ことをテーマに研修を行いました。当たり前だと思っていることの中に、実は感謝しなければならないことがたくさんある。そんなことを知ってほしくて、技術者さんたちにある質問をして、回答を発表してもらいました。質問は「普段は、当たり前だと思ってしまっていること、そんな中であらためて感謝を感じることはどんなときか?」

その発表の中で、ひとりの若い整備士が前に出てきて「朝起きて、元気に生きていること。以上」とだけ言って自分の席に戻りました。

私は、その言葉を聞いて、研修中にもかかわらず涙が止まらなくなってしまいました。あることを思い出したからです。

私は高校、大学とアメリカンフットボール部で部活動に打ち込みました。高校は大学の付属校だったので、大学の7年間を通じて一緒にプレーした同級生のチームメイトが何人かいます。その中にKという男がいました。

彼のポジションはランニングバック(ボールを持ってゴールへ走るのが仕事)で瞬発力があり足も速く、腕も太く筋肉の塊といっていい体をしていました。

彼は社会人になってもアメフトを続けていたのですが、そんな彼が体の自由が利かなくなる不治の病となり、実家で療養していると他の知り合いから聞きました。

最初はペンが持てなくなり、やがてパソコンも打てなくなり、今では寝たきりになっているといいます。私は彼の実家に連絡をし、会いに行きたいのだが大丈夫かどうかを聞き、大丈夫だというので彼に会いに行きました。

彼はベットの上にいました。太かった腕も足もマッチ棒のようになり、顔には呼吸器が付けられていました。

しゃべることもできず、唯一のコミュニケーション方法は、かつては誰にも負けないほど太かった足の筋肉を使って足を動かすことだけ。彼のお母さんは足のはね上げ方でイエス、ノーを判断し、会話していると教えてくれました。

私と同行したもうひとりのチームメイトが部屋に入ると、彼はベッドの上で目をぎょろっと見開き、まるで睨みつけるように私たちを迎えました。

その目は『絶対に俺を憐れむなよ』と言っているようでした。『俺を憐れむな。俺の生き様をちゃんと見てってくれ』。そう言っているように感じました。

お母さんが「今、山中教授がiPS細胞の研究をしているけど、その研究が進めばこの子も治ると思って、楽しみにしてるの」と言うと、彼は足をパンパンと跳ね上げました。「そんな希望を持たせるようなことを言うなって言ってます」と足の動きの意味をお母さんは私たちに教えてくれました。

お母さんと私は約30年ぶりくらいにお会いしたのですが「全然変わりませんね」と言うと「またー、西村君、うまいこと言って。あ、西村君は今ほめることを仕事にしているのよね」と言われ、みんなで大笑い。すると、ベッドの上の彼が険しい顔をしています。ところが、よくよく見てみるとそれは笑っている表情でした。

その笑顔を見て、私は彼の生き様を忘れないでいようと決めました。普通に働き、普通に生活しているのは、決して当たり前のことではないのだと。

彼は私たちの逆を生きている。夜眠っているとき、嫌な夢を見ることがあります。そして朝起きて、あぁ、夢でよかった。彼はその逆、眠っているときには元気だったころ、あるいは子どもたちと遊んでいる夢を見る。そして朝起きて、呼吸器を付けられ起きられない状態という現実と毎朝向き合う。

無言の彼から発せられたメッセージを俺は一生忘れないでいよう。そのとき、私はそう誓いました。

そして、研修での若い整備士さんの一言です。

「朝起きて、元気で生きていること」

この言葉を聞き、私はあのときの友人の笑顔が脳裏に蘇りました。そして、あれだけ誓ったのに、忘れないと決めたのに、その瞬間まで忘れていた自分を恥じました。『「ほめ達」の理事長として普段は偉そうなことを言っているのに、肝心の自分が大切なことを忘れているじゃないか』。そう気づいた瞬間に涙があふれてきたのです。

家に会いに行ってからほどなくして、その友人は亡くなりました。

「ほめる」の究極はこの命に対する感謝です。当たり前なんてこの世の中にはない。だからこそ、当たり前に感謝して、目の前のことに全力で取り組んでいく、自分を生かし切って生きていく。

人は、本当に大切なものは、失うか、失うかもという経験をしないとその価値に気づかないものです。

この命という価値、自分という存在の素晴らしさ、その価値を知り、さらに磨いていきましょう。

小さな挑戦を重ねる生き方、自分の可能性を引き出す生き方、命を輝かせる生き方、これからさらに意識していきませんか。

あなたならできます。必ずできます。私はそれを知っています。

そして、この本を通して私も一生涯、伴走させていただきます。

あとがき

この本は、大切な人たちのために書きました。

ひとりはこの本を読んでいただいている「あなた」。

そして私にとって大切な人たち。

不器用で、まっすぐで、傷つきやすくて、優しくて、なかなか他人からの評価が得られず、常に不安を抱え、転び、つまずきながら、それでも前へと進み続ける人たち。

そんな私にとって特別な人たち、それは私の家族です。

その中でも私の子どもたちは、私に輪をかけて不器用で、まっすぐで、心優しき人たち。

私が心から尊敬を寄せる、そんな彼らが、これからの人生、心健やかに過ごせるように。多くの人から助けていただけるように。また、誰かを支える存在となれるように。

その祈りを込めて、この本を書きました。

そして、この本を書き上げることができたのは、間違いなく子どもたちのおかげです。

「私、遅咲きだから」。

この言葉を胸に10年間、異国で「三年先の稽古」を続け、バレエダンサーとしてようやく日の当たる場所に飛び出そうとする長女の奈恵。彼女からは、あきらめないこと、継続し続けることの価値を教えてもらいました。そして、本気で取り組み続けていれば、必ず協力者が現れるということも。

「失敗してもいい、この挑戦をしなかったら一生後悔する！」

中学生にして自らの強い意志で挑戦し、失敗し、立ち上がり、また失敗した次女の実弥乃。そこから、はいつくばり、もがきながら自分で道を見つけ切り拓き、海外で次のステージに挑戦する実弥乃。

彼女から学んだことは、意志を持ち行動を始めれば状況は変わるということ。明確な夢や目標が見つかれば「助けてもらう強さ」が手に入るということ。そして、夢は叶うということも。

「優しさしか、ないから……」

一番下の長男、公寿。彼からは、この本を書き続ける意志をいただきました。進路について相談を受け、アドバイスをしているときのこと。私は質問しました、どうして背伸びをして大変な志望校を選ぶのか、無難なところにしないのか。彼は「何かを証明したい！」「自分が胸を張って、これを成し遂げたというものを持ちたい」と訴えました。「公寿は、部活でキャプテンをやったり、人望があるし、何かを無理をして証明する必要ないよ」「何よりも、公寿には優しさがある」。次の瞬間、彼はうつむき、声を絞り出し「優しさしか、ないから……」。ぼろりと涙をこぼす彼の姿に、私は何があっても彼を支えようと決めました。優しさしかないと思う人たちが、幸せを実感する世の中にする。その決意があらたになりました。そのための地ならしを、微力かもしれないが、全力でやり続ける、その覚悟が定まりました。

「ほめ達」を伝えることは、私にとって「志」です。

「志」とは、己れ一代ではとても叶えられない大きな願いを実現させようという祈り。

健全なる心を持つ人が、心苦しくなることなく生きていける世界へ。

「ほめ達」の小さなロウソクの灯りを次の世代へ引き継いでいく、これが私の役割です。


そして、最後に告白をします。

この本の中で語りかけていた「あなた」とは、読者のあなたのことであり、そしてもうひとり、「ほめ達」と出会う前の私自身のことなのです。

その「あなた」に私から最後のエールです。

「あなた」があきらめない限り、
あなたは、さらに素敵な人に成長し続けます。
そして、「わたしたち」があきらめない限り、
この世の中、世界はさらに素敵なものになっていきます。
「あなた」が「あなた」をあきらめない限り。
世界は「あなた」の言葉で輝き続けます。

さぁ「あなた」の言葉、表情、仕草で、この世界を輝かせていきましょう。
もちろん、私もお供いたします。

2019年9月　西村貴好

カバーデザイン　フロッグキングスタジオ
（福島源之助、長谷川さや）
福田万美子
本文ＤＴＰ　有限会社タダ工房
構成　萩原晴一郎

「ほめ達」Q&A

Q　一般社団法人日本ほめる達人協会とは？

A　日本国内だけを見ても、年間2万人を超える自殺者が続く異常な事態。日本は物理的な戦争をしていないものの、これはまさに「心の内戦」ともいえる状態です。そんな状態を打破したいと、日本ほめる達人協会は設立されました。ただお世辞やおべんちゃらを言うのではなく、心の底から相手の良さを見いだし、あらゆるものから価値を発見できるのが「ほめる達人（ほめ達）」。「ほめ達」が、日本だけでなく世界中に広がれば、間違いなく平和で暮らしやすい世の中になります。このような壮大な夢を描いて、活動しているのが、日本ほめる達人協会です。

Q「ほめ達」とは？

A「ほめ達」は、目の前の人やモノ、仕事で言えば商品やサービス、起きる出来事などに独自の切り口で価値を見つけ出す『価値発見の達人』のことです。相手の存在価値を認め、ピンチをチャンスに転換し、すべてのことがらを「チャンス！」にする、あらゆる人の生き方を変える「目からのウロコ」の発想！実はそれはあなた自身からわき出てくるもの。それが「ほめ達」の考え方です。

Q「ほめ達」検定とは？

A すべての経営者、リーダー、親たちが「ほめ達」となり、日本の『心の内戦』を終わらせるためのプロジェクト。この「ほめ達検定」は、「ほめる力」を学びながら受けることができるという、受講型検定試験です。

検定試験は3級、2級、1級と分かれており、たとえば検定3級では、事前の準備や勉強は必要がなく、セミナーを受講することにより学べ、同時に検定も合格できるというユニークな仕組みです。大学との共同研究により、成果の実証実験もおこなわれている本格的なモチベーションアップのための検定。経営者や管理職者はじめ、教師や会社員、子育て中のお母さんや学生など、２０１９年9月現在で「ほめ達検定」３級受講者は５２０００人を突破しています。

著者プロフィール

西村貴好　にしむら・たかよし

一般社団法人日本ほめる達人協会理事長

1968年生まれ。関西大学法学部卒業。
「泣く子もほめる！」ほめる達人（ほめ達）として、あらゆるものに価値を見出すことを理念に2010年に「ほめ達検定」をスタートさせる。検定3級受講者は全国で5万2千人を突破（19年８月現在）。受講者数は年々拡大している。企業向け研修、講演会やセミナーなども年間200回以上。「ほめ達」を導入し、「ほめちぎる教習所」に生まれ変わった三重県・南部教習所は、生徒数増加、免許合格率アップ、卒業生の事故率が半減と素晴らしい成果を上げている。著書に、「結果を引き出す大人のほめ言葉」（同文館出版）、「人に好かれる話し方41」（三笠書房）、「ほめる生き方」（マガジンハウス）などがある。
お問い合わせ先　一般社団法人日本ほめる達人協会HP
https://www.hometatsu.jp/

ほめ下手だから上手くいく

2019年10月15日初版第一刷発行

著者　西村貴好

発行人　松本卓也

発行所　株式会社ユサブル
〒103-0014
東京都中央区日本橋蛎殻町2-13-5
電話　03-3527-3669
http://yusabul.com

印刷所　株式会社光邦

ISBN978-4-909249-24-1

定価はカバーに表示してあります。
落丁･乱丁はお手数ですが、当社までお問い合わせください。